한국어 뉘앙스를 알면
일본어가 보인다
ニュアンスで
覚える
韓国語

초판 1쇄	인쇄	2008년 1월 10일
초판 1쇄	발행	2008년 1월 25일

지은이 | **봉영아**(奉英娥) / **윤성원**(尹聖嫄)
펴낸이 | **이순희**
표지 내지 디자인 | **유비플러스**
　　　　　　　　　www.ububdesign.com
펴낸곳 | **제일법규(제일어학)**
　　　　www.jeilbnl.com

주소　　 | 서울시 서초구 서초동 1512-5호
전화　　 | 02-523-1657, 597-1088
팩스　　 | 02-597-6464
대체　　 | 국민 084-25-0012-739
출판등록 | 1993년 4월 1일 제 21-429호

잘못 만들어진 책은 바꿔 드립니다
ISBN 978-89-5621-058-2   13730

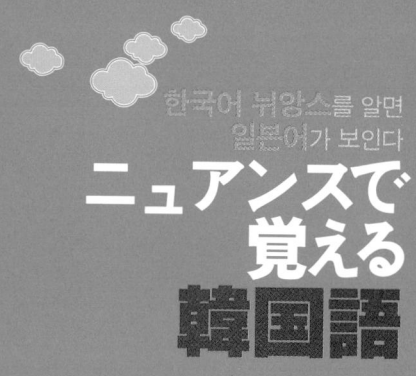

한국어 뉘앙스를 알면
일본어가 보인다

ニュアンスで覚える韓国語

奉英娥(ポンヨンア)/尹聖媛(ユンソンワン) 共著

제일어학

はじめに

　外国語をしっかり習得したいと思ったら、だれでも中級程度で微妙なニュアンスの壁にぶつかるでしょう。韓国語を学習しているみなさんも、基本的な文法を習得しその先に進もうとしたときに、そんなちょっとした言葉の使い分けや表現の違いに戸惑ったり悩まされたりしてはいないでしょうか。

　韓国語は日本語と似ているために、日本人の学習者にとっては習得しやすい言語です。けれど、逆に似ているからこそ韓国語の語彙を日本語式に使ってしまうこともあります。

　本書は、日本語では同じ言葉になってしまう使い分けの紛らわしい200個余りの韓国語語彙を取り上げ、各々のニュアンスを詳細な用例を通じて比較分析したものです。こういった語彙の使い分けや用例をじっくり勉強することによって、韓国語らしさはぐっとアップし、なかなか増やすことのできなかった語彙も同時に伸びるはずです。

　「ただ通じるだけではもの足りない」、「よりネイティブに近い表現を身につけて、コミュニケーションの幅を広げたい」という皆様のお役に立てたら幸いです。

奉英娥・尹聖媛

本書の使い方

1. 紛らわしく、区別がつきにくい韓国語単語
2. それぞれの言葉のニュアンスの違いや使い方の説明
3. 各語彙を使った例文
4. 〇 = その語彙も使えるもの
   × = 使ってはいけないもの
   ※ = 使わないことはないが、少しぎこちないもの(許容範囲内)
5. ★ = 語彙の意味の中で、タイトルの日本語訳以外の意味の例文。(解説文の「また」で示されている部分の例文)
6. イラスト入り
7. 品詞別に収録

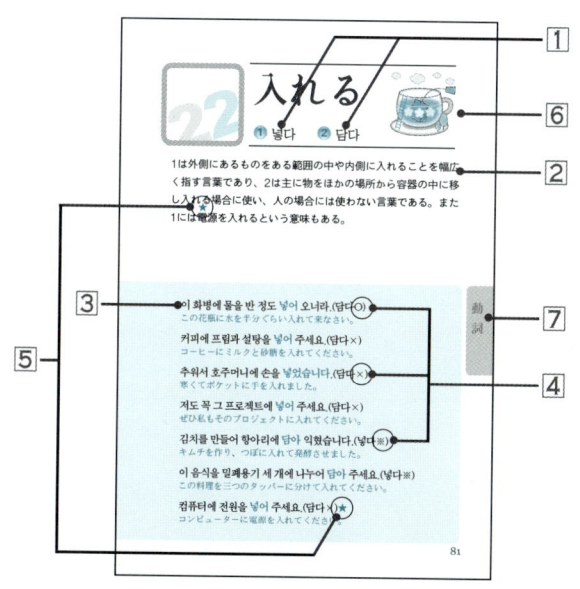

目次

1. 名詞 — 11
2. 動詞 — 59
3. 形容詞 — 139
4. 副詞 — 193
5. 索引 — 211

01 名詞

家族

① 가족　② 식구

1は夫婦を中心としてその子供、親戚までを一括りにし、グループとしての「家族」を意味する言葉である。2は1に比べて同じ空間で一緒に生活する人というニュアンスが強く、家族の個々のメンバーを指す場合によく使う言葉である。1のほうが一般的によく使われる言葉である。

名詞

이번 주말에는 가족과 함께 소풍을 갈 겁니다.(식구O)
今度の週末には家族と一緒に遠足に行くつもりです。

정월에 멀리서 사는 식구들이 찾아왔습니다.(가족O)
正月に遠くに住んでいる家族がやってきました。

행사에는 모두 다섯 가족이 모였습니다.(식구×)
集会には全部で5組の家族が集まりました。

이 온천은 가족들이 여행하기에 안성맞춤이다.(식구×)
この温泉は家族が旅行するのに最適だ。

이 방에서 다섯 식구가 사이좋게 살고 있습니다.(가족×)
この部屋で五人家族が仲良く暮らしています。

 # 表

 겉    거죽

1のほうが一般的によく使われる言葉で、物事のうわべというように抽象的な意味にも使われ、2は具体的な物の表面だけに使い、主に服や革の場合に使う言葉である。

새로 산 책 겉에 내 이름을 썼습니다.(거죽O)
新しく買った本の表に自分の名前を書きました。

가방 속에서 잉크가 새어 거죽까지 물들었다.(겉O)
かばんの中でインクがもれて、表まで染みてしまった。

겉과 속이 다른 사람이 되어서는 안 된다.(거죽×)
表裏のある人になってはいけない。

옷의 거죽에 커다란 구멍이 났습니다.(겉×)
服の表に大きな穴があきました。

名詞

計算

① 계산　② 셈

1はある数値を正確に計り数えることを指し、一般的によく使われる言葉で、2は1に比べて数を数えるというニュアンスが強く、主にお金や物のやり取りをする場合に使う言葉である。また1には「勘定」という意味もある。

名詞

계산이 맞았는지 한 번 더 확인해 주세요.(셈O)
計算が合っているかもう一度確かめてください。

돈을 다시 세어보니 셈이 맞았습니다.(계산O)
もう一度お金を数えてみたら計算が合いました。

방정식을 사용하지 않는 다른 계산 방법이 있습니까?(셈×)
方程式を使わないほかの計算方法がありますか。

친구가 부탁해서 계산을 했습니다.(셈×)★
友達に頼まれて勘定を払いました。

 # 季節

1 계절　**2** 철

1は春夏秋冬という四季としての「季節」を指す言葉で、2は主に特定の何か(野菜や花など)の盛りの時期や旬という意味で使う言葉である。

계절에 따라 피는 꽃이 다릅니다.(철O)
季節によって咲く花が違います。

어느덧 철이 바뀌어 반소매를 입은 사람이 눈에 띄게 되었다.(계절O)
いつの間にか季節が変わって半袖の人が目立つようになった。

내가 제일 좋아하는 계절은 가을입니다.(철×)
私が一番好きな季節は秋です。

한국의 1년은 네 계절로 나뉩니다.(철×)
韓国の1年は四つの季節に分かれます。

지금은 수박이 나오는 철입니다.(계절※)
今はスイカが出回る季節です。

名詞

そこ

❶ 그곳　❷ 거기

1、2とも「そこ」に当たる指示代名詞で、聞き手に近い場所や前に話した場所を指す言葉である。1は場所にだけ使い、書き言葉としても使う。一方、2は具体的な場所ばかりでなく話の内容など場所以外のことを指すこともあり、くだけた話し言葉としてよく使われる。

名詞

그곳에서 오른쪽으로 돌면 바로 보입니다.(거기O)
そこから右に曲がるとすぐ見えます。

거기는 나도 가본 적이 있습니다.(그곳O)
そこは私も行ったことがあります。

그곳 지역을 이제 촌이라고는 부를 수 없을 것 같습니다.(거기×)
そこの地域をもう「田舎」とは呼べないと思います。

재료를 뒤섞고 거기에다 고기를 재어 둡니다.(그곳×)
材料をかき混ぜてそこに肉を漬けておきます。

나는 거기까지는 생각하지 못했다.(그곳×)
私はそこまでは考えられなかった。

그럼, 거기에서 기다리고 있어.(그곳※)
それじゃ、そこで待ってて。

器

1. 그릇　2. 공기

1は一般的に入れ物や食器を指す言葉で、2は主にご飯茶碗を指す言葉である。また1には人物の能力の大きさという意味もある。★

이 그릇에 밥을 담아 주세요.(공기O)
この器にご飯をよそってください。

그릇에 케이크와 과일을 담습니다.(공기×)
器にケーキと果物を盛ります。

뜨거운 물을 그릇에 따랐습니다.(공기×)
お湯を器に注ぎました。

그는 경영자가 될 만한 그릇이 아니다.(공기×)★
彼は経営者になれるような器ではない。

名詞

字

1 글자　**2** 글씨

1は言語を書き表す文字という意味で、2は1に比べて字の形や筆跡というニュアンスが強く、主に手で書いた文字を指す言葉である。

名詞

교실 뒤에서는 칠판의 글자가 보이지 않는다.(글씨○)
教室の後ろからは黒板の字が見えない。

글씨를 예쁘게 쓰면 보기에도 좋습니다.(글자○)
字をきれいに書けば見栄えも良いです。

고유한 말은 있지만 글자가 없는 민족도 많다.(글씨×)
固有の言葉はあるが、字がない民族も多い。

글자가 너무 크니 좀 더 작게 인쇄해 주세요.(글씨×)
字が大きすぎるので、もう少し小さく印刷してください。

글씨가 서툴러서 보여주고 싶지 않습니다.(글자×)
字が下手なので見せたくありません。

지저분한 글씨로 쓰여 있어 전혀 읽을 수 없다.(글자×)
汚い字で書いてあるので全然読めない。

他人

① 남　② 타인

1は親族でない人や自分と直接関わりのない人を指す言葉で、2は自分以外の人というニュアンスを持つ書き言葉で改まった場合に使う言葉である。

절대로 남에게 폐를 끼쳐서는 안 됩니다.(타인○)
絶対に他人に迷惑をかけてはいけません。

지하철에서는 타인에 대한 배려가 필요하다.(남○)
地下鉄では他人に対する配慮が必要だ。

그 부부는 헤어져서 완전히 남이 되었습니다.(타인×)
その夫婦は別れて完全に他人になりました。

타인 명의로 집을 구입할 수밖에 없었습니다.(남×)
他人名義で家を購入するしかなかったんです。

名詞

兄弟

① 남매 ② 오누이 ③ 형제

1は性別の違う兄弟を指す言葉で、2は兄と妹の二人兄弟の場合にだけ使い(姉と弟の場合は使わない)、3は男同士の兄弟という漢字語であるが、女を含んだ「兄弟一般」を指して使われる場合もある。

名詞

그 남매는 사이가 정말로 좋았습니다.(오누이O, 형제O)
その兄弟は本当に仲が良かったです。

부모님이 돌아가시자 남은 사람은 오누이밖에 없었다.(남매O, 형제O)
両親が亡くなると、残ったのは兄弟だけだった。

저와 여동생은 사이가 좋은 남매입니다.(오누이O, 형제×)
僕と妹は仲のいい兄弟です。

삼남매는 모두 대학에 합격했습니다.(오누이×, 형제O)
三人兄弟は皆大学に合格しました。

나는 남자 형제가 두 명 있습니다.(남매×, 오누이×)
僕は男兄弟が二人います。

몇 형제입니까?(남매×, 오누이×)
何人兄弟ですか。

男

❶ 남자　**❷** 사나이

1は「男」という性別を指す言葉で、2は丈夫で男盛りの人というニュアンスが強く、年齢的に覇気のある男性を指す言葉である。

그는 불의를 보면 참지 못하는 남자다운 남자였다.(사나이O)
彼は不正を見ると我慢ができない男らしい男だった。

사나이가 그만한 일로 울면 안 된다.(남자O)
男がそんなことで泣いてはだめだ。

여자는 너무 화가 나서 남자의 뺨을 때렸다.(사나이×)
女はあまりにも頭に来て男の頬を叩いた。

나는 남자 형제가 두 명 있습니다.(사나이×)
僕は男兄弟が二人います。

그런 행동은 사나이 대장부가 할 짓이 아니다.(남자×)
そんな振る舞いは大の男のすることではない。

名詞

誰

① 누구　② 아무

1、2とも「誰」という人称代名詞であるが、1は不特定の誰かを指し、主に疑問詞として使う言葉で、2は主に「아무도」の形で否定の表現とともに使うことが多い。

名詞

그런 짓은 누구도 하지 않습니다.(아무○)
そんなことは誰もしません。

그 사람은 아무도 알아차리지 못하게 비밀을 숨기고 있다.(누구○)
その人は誰にも気づかれないように秘密を隠している。

그는 누구보다도 영리하게 행동했습니다.(아무×)
彼は誰よりも賢く行動しました。

저기에 서 있는 사람은 누구입니까?(아무×)
あそこに立っている人は誰ですか。

아무도 이 문제를 모르겠니?(누구×)
誰もこの問題がわからないのか。

환영회에는 아직 아무도 안 왔다고 합니다.(누구×)
歓迎会にはまだ誰も来ていないそうです。

足

① 다리　② 발

1は人や動物の下半身を指す言葉で、2は主に足首から下の部分を指す場合に使う言葉である。また2は犬やうさぎなど「다리」と「발」の境がわかりにくい動物の足全体を表す場合にも使われる。

수영을 하던 중 발에 쥐가 났습니다.(다리O)
泳いでいる途中、足が吊ってしまいました。

스키를 타러 갔다가 다리를 부러뜨리고 말았다.(발×)
スキーに行って足を折ってしまった。

살이 쪄서 다리를 꼬는 것도 힘듭니다.(발×)
太ったから足を組むのも大変です。

나는 발이 커서 맞는 신발을 찾기가 힘듭니다.(다리×)
私は足が大きくてサイズが合う靴を見つけるのが大変です。

동물은 대부분 네 발을 가지고 있다.(다리×)★
ほとんどの動物は4本の足を持っている。

名詞

町

① 동네　② 고장

1は多くの人が群がり住んでいるところを指す言葉で、2は1よりさらに広い範囲を指し、地域だけでなく共同体を指す場合にも使う言葉である。また1は東京の場合、「〜町」以下のレベルで、2は「〜区」以上のレベルである。

名詞

그는 그 동네에서 가장 유명한 부자였습니다.(고장O)
彼はあの町で一番有名なお金持ちでした。

그들은 어릴 적부터 한 고장에서 자란 친구들이다.(동네O)
彼らは幼い頃から同じ町で育った友達だ。

그는 온 동네에 내 소문을 내고 다닌다.(고장×)
彼は町中に私のうわさを振りまいて回る。

저는 여기에서 그리 멀지 않은 동네에 살고 있습니다.(고장×)
私はここからそう遠くない町に住んでいます。

동계아시안게임이 이 고장에서 개최되었습니다.(동네×)
冬季アジア大会がこの町で開催されました。

❶ 명　　**❷ 사람**

1、2とも「〜人」という助数詞として使う言葉である。1は人数を数えるときにだけ使い、2は人数よりも一人一人を重視した表現で、たいてい特定の人を指す場合に使い、主に20人以下の場合に使う言葉である。

영화를 보러 온 사람은 고작 열 명 정도였다.(사람O)
映画を見に来た人はわずか十人ぐらいだった。

여덟 사람이 들어갈 수 있는 커다란 방입니다.(명O)
八人が入れる大きな部屋です。

광장에는 몇 백 명이나 되는 군중들이 모여 있었다.(사람×)
広場には何百人もの群衆が集まっていた。

한 사람의 생각이 세상을 바꾸기도 합니다.(명※)
一人の考えが世の中を変えることもあります。

친구였던 두 사람은 연인관계로 발전했습니다.(명×)
友達だった二人は恋人関係へと発展しました。

두 사람은 10년간 소중한 사랑을 키워왔다.(명×)
二人は10年間大切な愛を育ててきた。

名詞

姿

❶ 모양　❷ 모습

1は物の模様や形などの外観を指す言葉で、2は1に比べて全体的な様子というニュアンスが強く、主に動きや現象を表す場合に使う言葉である。

名詞

차려입은 모양이 매우 아름다웠다.(모습O)
着飾った姿がとても美しかった。

사람들이 살아가는 모습은 가지각색이다.(모양×)
人々の生きていく姿は十人十色だ。

아이가 자고 있는 모습을 보면 마음이 온화해진다.(모양×)
子供の寝ている姿を見ると心が穏やかになる。

술을 마시고 행패를 부리는 모습은 추합니다.(모양×)
お酒を飲んで狼藉をはたらく姿は見苦しいです。

도시의 병든 모습을 보고 깜짝 놀랐습니다.(모양×)
都市の病んだ姿を見て驚きました。

 # 首

1. 목　2. 고개

1は人や動物の首全体や喉を指す言葉で、2は首の後ろ部分を指し、人の場合にだけ使う言葉である。また2は慣用句の中で頭部を意味する場合にも使われる。

추워서 자꾸만 목을 움츠리게 됩니다.(고개○)
寒くてしきりに首をすくめてしまいます。

인기척이 나서 고개를 빼고 창 밖을 보았다.(목○)
人の気配がして首を出して窓の外を見た。

그가 머플러를 목에 감아주었다.(고개×)
彼がマフラーを首に巻いてくれた。

고개를 뒤로 젖히고 하늘을 보았습니다.(목×)
首を反らして空を見ました。

질문에 대답하지 못하고, 단지 고개를 가로저었습니다.(목×)
質問に答えられず、ただ首を横に振っていました。

어머니는 이상하다는 듯이 고개를 갸웃거리셨다.(목×)★
母は変だというように首をかしげた。

墓

① 무덤　② 묘

1は人や動物の遺体、遺骨を埋葬したところを指す言葉で、土を盛ってあるだけの墓の場合にも使い、2は1を石などで囲って整えた墓というニュアンスが強く、人を埋葬したところにだけ使う言葉である。

名詞

온 가족이 아버지 묘에 성묘를 하러 갔다.(무덤O)
家族全員で父の墓へ墓参りに行った。

강아지의 무덤을 정성껏 만들어 주었다.(묘×)
犬の墓を丹念に作ってあげた。

이곳에는 신원미상인 무덤들이 모여 있다.(묘×)
ここには身元不明の墓が集まっている。

유서 있는 조상의 묘를 찾아갔습니다.(무덤×)
由緒ある先祖のお墓を訪ねました。

묘 주위를 청소하고 묘석도 깨끗이 닦았습니다.(무덤×)
お墓のまわりを掃除し、墓石もきれいに磨きました。

魚

① 물고기 ② 생선

1は水中で生きている魚類を指す言葉で、2は食用として海や川から捕った魚類を指し、調理されたものの場合にも使う言葉である。

오늘은 이상하게도 잔 생선밖에 잡히지 않습니다.(물고기○)
今日はおかしなことに小魚しか捕れません。

어항 속에서 물고기 한 마리가 한가롭게 헤엄치고 있다.(생선×)
金魚鉢の中で魚が一匹のんびりと泳いでいる。

깨끗한 물을 되찾은 강에 물고기가 정착하게 되었다.(생선×)
きれいな流れを取り戻した川に魚が住み着くようになった。

생선을 사기 위해 근처 생선가게에 들렀습니다.(물고기×)
魚を買うために近くの魚屋に寄りました。

어머니는 부엌에서 생선을 굽고 계시는 중입니다.(물고기×)
母は台所で魚を焼いているところです。

底

① 바닥　② 밑바닥

1は物の一番下の平らな部分を指す言葉で、2は1よりさらに奥深い底というニュアンスが強い言葉である。慣用的な表現には1を使う。

名詞

가뭄이 계속되자 강의 바닥이 보이기 시작했다.(밑바닥○)
日照りが続いたところ、川の底が見え始めた。

신발을 오래 신었더니 밑바닥이 닳았다.(바닥○)
靴を長くはいたところ、底が磨り減った。

배가 강 밑바닥에 가라앉아 버렸습니다.(바닥※)
船が川底に沈んでしまいました。

강물이 매우 맑아서 밑바닥까지 투명하게 보입니다.(바닥※)
川の水がとてもきれいなので底まで透き通って見えます。

돈을 많이 썼더니 통장 잔액이 바닥이 났다.(밑바닥×)★
お金をたくさん使ったら、通帳の残高が底をついた。

外

1. 밖　2. 바깥

1は一般的に仕切りや線などを超えた向こう側というニュアンスがあり、「〜の外」などという場合によく使われる言葉である。2は主に場所や空間としての外を指す場合に使う言葉である。

밖에 비가 오는지 빗소리가 들린다.(바깥O)
外は雨が降っているのか、雨音が聞こえる。

바깥에서 돌아오면 손을 깨끗이 씻어야 한다.(밖O)
外から帰ってきたら手をきれいに洗わなければならない。

과장님은 회의실 밖으로 나왔습니다.(바깥×)
課長は会議室の外に出ました。

커피를 마시면서 창 밖을 봅니다.(바깥×)
コーヒーを飲みながら窓の外を見ます。

친구와 함께 밖에서 점심을 먹습니다.(바깥×)
友達と一緒に外で昼御飯を食べます。

오늘은 바깥 공기가 무척 차다.(밖×)
今日は外の空気がとても冷たい。

足跡

1. 발자국
2. 발자취

1は人や動物が足で踏んでその場に残した物理的な足跡を指す言葉で、2は人の行方や足取りなど存在の痕跡を指す言葉である。また2には過去の業績という意味もある。

名詞

밀림의 정글이지만 사람의 발자국을 발견할 수 있었다.(발자취O)
密林のジャングルであるが、人の足跡を見つけることができた。

눈에 멧돼지 발자국이 선명하게 남아 있다.(발자취×)
雪にいのししの足跡が鮮明に残っている。

범인의 발자취를 더듬어 전국을 돌아다녔다.(발자국×)
犯人の足跡をたどって全国を探し回った。

그는 역사상 위대한 발자취를 남겼습니다.(발자국×)★
彼は歴史上偉大な足跡を残しました。

言い訳

1. 변명　2. 핑계

1は自分を正当化するために言うことを指す言葉で、2は1に比べて理由や原因をわざと作ったというニュアンスが強い言葉である。また1は「하다」をつけると「言い訳する」という動詞として使えるが、2は「하다」とともには使えない。

프로젝트가 지연되고 있는 이유로 이런저런 변명을 댔다.(핑계O)
プロジェクトが遅れている理由をあれこれ言い訳をした。

그는 핑계를 늘어놓고 책임을 회피했습니다.(변명O)
彼は言い訳を並べて責任を逃れました。

그런 변명 따위는 듣고 싶지 않아.(핑계※)
そんな言い訳なんか聞きたくない。

동생은 아프다는 핑계로 학교에 가지 않았습니다.(변명×)
弟は体調が悪いと言い訳をして学校に行きませんでした。

좀더 나은 핑계를 생각해라.(변명×)
もう少しましな言い訳を考えろ。

名詞

頬

① 볼　② 뺨

1は頬骨と奥歯の間を指す言葉で、2は1より広い範囲（主にこめかみと顎の間）を指す言葉である。つまり1は2の一部であり、具体的に身体部位を指す場合によく使われる。

名詞

눈물이 볼을 타고 흘러내렸습니다.(뺨O)
涙が頬をつたって流れ落ちました。

추운 겨울날 밖에서 노는 아이들의 뺨이 빨갛다.(볼O)
寒い冬の日、外で遊んでいる子供たちの頬が赤い。

아이들은 보통 볼이 통통합니다.(뺨×)
子供たちは普通頬が丸々としています。

젊어 보이려고 볼에 지방을 주입했다.(뺨×)
若く見せようと頬に脂肪を注入した。

나이를 먹으면 누구라도 볼이 늘어지기 마련입니다.(뺨×)
年をとると誰でも頬が垂れるものです。

여자는 너무 화가 나서 남자의 뺨을 때렸다.(볼×)
女はあまりにも頭に来て男の頬を叩いた。

산들바람이 기분 좋게 뺨을 어루만지고 있다.(볼×)
そよ風が気持ちよく頬を撫でている。

袋

1 봉투　**2** 봉지

1、2とも紙などで作られた物を入れる袋や封筒を指す言葉で、2は1に比べて封をしないというニュアンスが強く、主にビニール袋の場合に使う言葉である。また2は助数詞として物や粉などが入っている小さな袋を数えるときにも使う。

물건을 넣어 온 봉투가 갑자기 찢어져서 당황했다.(봉지O)
物を入れてきた袋がいきなり破れて慌てた。

좀 더 큰 봉지에 담아 주실래요?(봉투O)
もう少し大きい袋に入れていただけませんか。

서랍 속에 넣어둔 월급봉투가 감쪽같이 사라져버렸다.(봉지×)
引き出しの中に入れておいた給料袋が影も形もなく消えてしまった。

생선을 비닐봉지에 넣었더니 비린내가 안 난다.(봉투×)
魚をビニール袋に入れたので生臭いにおいがしない。

과자 한 봉지와 사탕 두 봉지를 사 왔습니다.(봉투×)★
お菓子を一袋と飴を二袋買ってきました。

名詞

台所

1. 부엌　2. 주방

1は家庭の中で炊事をするいわゆる台所を指す言葉で、2はダイニングキッチンのように食事をとる場所を含めたより広い場所を指し、公共の施設の場合にも使う言葉である。

名詞

어머니는 부엌에서 저녁을 준비하고 계신다.(주방O)
お母さんは台所で夕食の支度をしている。

쿠키라도 굽는지 주방에서 좋은 냄새가 난다.(부엌O)
クッキーでも焼いているのか台所からいいにおいがする。

맞벌이 부부는 큰맘 먹고 부엌을 개조했습니다.(주방※)
共働きの夫婦は思い切って台所を改造しました。

아무도 있을 리 없는 부엌에서 소리가 났다.(주방※)
誰もいるはずのない台所で物音がした。

마을회관의 주방은 항상 깨끗합니다.(부엌×)
町内会館の台所はいつもきれいです。

백화점 5층에서 주방용품을 판매하고 있습니다.(부엌×)
デパートの5階で台所用品を販売しています。

歳

1. 살
2. 세

1、2とも「〜歳」という助数詞であるが、1は人や動物の年を指し、「한・두・세」などのような固有語数詞とともに使う言葉である。一方2は人の年齢にだけ使い、「일・이・삼」などのような漢字語数詞とともに使う言葉である。

초등학교는 일곱 살이 되면 입학할 수 있다.(세×)
小学校は7歳になれば入学できる。

우리집 강아지는 올해로 두 살이 되었다.(세×)
うちの犬は今年で2歳になった。

한국에서는 해가 바뀌면 한 살을 먹습니다.(세×)
韓国では年が変わると1歳年を取ります。

이곳은 만 이십 세가 되어야 들어갈 수 있다.(살×)
ここは満二十歳にならないと入ることができない。

만 육십 세의 생일을 환갑이라 한다.(살×)
満60歳の誕生日を還暦という。

名詞

拍手

1 손뼉 **2** 박수

1、2とも掌を合わせて音を出すことを指す言葉で、1は主に両手を打ち合わせるその行為自体を指す言葉であり、2は主に歓迎や祝い、激励などの意味をこめて拍手する場合に使う言葉である。

名詞

하루에 100번 정도 손뼉을 치면 건강에 좋다.(박수×)
一日に100回くらい拍手をすれば健康にいい。

공로상을 받아 전 직원으로부터 박수를 받았다.(손뼉×)
功労賞をもらい、全職員から拍手を受けた。

관객의 박수는 오랫동안 그치지 않았습니다.(손뼉×)
観客の拍手は長い間止みませんでした。

해외에서 열심히 일하는 너에게 박수를 보낸다.(손뼉×)
海外で一生懸命働くお前に拍手を送るよ。

苦労

1. 수고　2. 고생

1、2とも肉体的、精神的に苦労するという意味であるが、1は具体的な目的のために困難を経験する場合に主に使う言葉で、自分に対しては使わない。2は1に比べて苦労の程度が大きく、自分に対しても使える。また退勤時などに「お疲れさま」という場合には1を使うことが多い。

자네가 우리를 위해 수고하는 걸 늘 고맙게 생각하네.(고생O)
君が我々のために苦労していることをいつもありがたく思っているよ。

고생하게 해서 정말 미안하다.(수고O)
苦労させて本当に申し訳ない。

지금은 고생하지만 언젠가는 좋은 일이 있을 거야.(수고×)
今は苦労しているけどいつかはいいことがあるさ。

나 때문에 고생하시는 어머니에게 안마라도 해 드리고 싶다.(수고×)
私のために苦労している母にマッサージでもしてあげたい。

저 집은 계속 문제가 발생해서 고생이 끊이지 않는다.(수고×)
あの家は問題が次々と起こって苦労が絶えない。

여러분, 수고하셨습니다.(고생×)★
みなさん、お疲れさまでした。

名詞

田舎

① 시골　② 촌

1は都市から離れている地域、つまり都会に対する田舎を指す一般的な言葉で、2は1よりさらに僻地の小さい村というニュアンスが強い言葉である。また1には生まれ育った故郷という意味もある。

名詞

그녀는 시골에서는 보기 드문 미인입니다.(촌○)
彼女は田舎ではまれに見る美人です。

우리 반에 촌에서 한 학생이 전학을 왔습니다.(시골○)
私のクラスに田舎から一人の生徒が転校してきました。

저는 산 넘어 시골 마을에 살고 있습니다.(촌×)
私は山を越えた田舎の村に住んでいます。

시골은 경치도 좋거니와 공기도 좋다.(촌×)
田舎は景色もいいし、空気もいい。

얼마 전에 성묘를 하러 시골에 다녀왔습니다.(촌×)★
この間、墓参りに田舎に行ってきました。

食欲

1 식욕　**2** 입맛

1、2とも自然と出てくる食べたいという欲求を指す言葉であるが、ほかの漢字語とともに使う場合は主に1を使い、おいしい食べ物を見て瞬間的に食欲が出る場合などはたいてい2を使う。また2は書き言葉としてはあまり使わない。

요즘 몸이 안 좋아서 그런지 식욕이 없다.(입맛O)
最近、体調が良くないせいか食欲がない。

신 음식은 입맛을 돋운다.(식욕O)
酸っぱい食べ物は食欲をそそる。

식욕을 저하시키는 색깔로는 보라색, 녹색 등이 있다.(입맛×)
食欲を低下させる色には紫や緑色などがある。

의사는 식욕 부진이 원인이 스트레스라고 했다.(입맛×)
医者に食欲不振の原因はストレスだろうと言われた。

병의 증세가 심해짐에 따라 식욕도 감퇴합니다.(입맛×)
病気の症状がひどくなるにつれて食欲も減退します。

요리 프로그램을 보고 있자니 갑자기 입맛이 당겼다.(식욕※)
料理番組を見ていたら急に食欲が出てきた。

더위 먹었나봐. 입맛도 없고 피곤해.(식욕※)
夏ばてをしたようよ。食欲もないし、疲れるわ。

名詞

下

① 아래 ② 밑

1は物や年齢などがある基準より下であることを指し、方向を表す場合にも使う言葉で、2は1に比べて物のすぐ下の部分というニュアンスが強い言葉である。

名詞

잃어버린 줄 알았던 시계가 책상 아래에 있었다.(밑O)
なくしたと思っていた時計が、机の下にあった。

여동생은 나보다 세 살 밑입니다.(아래O)
妹は私より三歳下です。

희미한 불빛 아래에서 춤을 추고 있다.(밑×)
ほのかな灯りの下でダンスをしている。

위에서 아래로 힘차게 눌러 주시기 바랍니다.(밑×)
上から下に向けて力強く押してください。

받은 세뱃돈을 책 밑에 숨겨두었다.(아래×)
もらったお年玉を本の下に隠しておいた。

종이·밑에 책받침을 깔고 씁니다.(아래×)
紙の下に下敷を敷いて書きます。

中

① 안　　**② 속**

1はある境界を基準とした内側の部分を指し、「部屋の中」などという場合に使う言葉で、2は1に比べて何かに囲まれている奥深い空間の内部というニュアンスが強く、抽象的な意味でも使う言葉である。

귀중품을 옷장 안에 넣어 보관했다.(속O)
貴重品をたんすの中に入れて保管した。

손이 차가워져서 주머니 속에 손을 넣었다.(안O)
手が冷たくなったのでポケットの中に手を入れた。

교실 안에서는 절대 담배를 피우면 안 된다.(속×)
教室の中では絶対にタバコを吸ってはいけない。

금방 산 수박을 잘랐더니 속이 썩어 있었다.(안×)
さっき買ったばかりのスイカを切ったら中が腐っていた。

오랜 세월 마음속으로 쭉 그렇게 생각했습니다.(안×)
長い間、心の中でずっとそう思っていました。

안개 속을 걸으니 옷이 눅눅해졌습니다.(안×)
霧の中を歩いたら服が湿っぽくなりました。

자연 속에서 상쾌한 기분을 만끽한다.(안×)
自然の中でさわやかな気分を満喫する。

名詞

恋人

1 애인　**2** 연인

1は自分や知り合いが付き合っている異性、いわゆる「彼氏」や「彼女」を指す言葉で、2は互いに愛し合っている者同士というイメージが強く、第3者の恋人同士を指す場合には主に2を使う。

名詞

그들은 만난 지 3년 된 애인 사이다.(연인○)
彼らは出会って3年になる恋人同士だ。

우리 딸은 자기 애인 얘기가 나오면 웃는다.(연인×)
うちの娘は自分の恋人の話が出ると笑う。

저 검정 코트를 입고 있는 사람이 내 애인입니다.(연인×)
あの黒いコートの人が私の恋人(彼氏)です。

다정한 연인들이 손을 잡고 걷고 있다.(애인×)
仲の良い恋人たちが手を握って歩いている。

연인들은 한밤중에 모래사장을 거닐었다.(애인×)
恋人たちは真夜中に砂浜を歩いた。

ゼロ

① 영　② 공

1は数量がまったくないことを意味し、量としての「ゼロ」を指す言葉で、2は電話番号など数の羅列における「ゼロ」として使われる言葉である。

5에 0(영)을 곱하면 0(영)이 됩니다.(공×)
5に0をかければ0(ゼロ)になります。

3 대 0(영)으로 이겼습니다.(공×)
3対0で勝ちました。

전화번호는 3498-870(공)9입니다.(영×)
電話番号は3498-8709です。

名詞

昔

1 옛날　**2** 예전

1はかなり時間の経過した時期を指す言葉で、2は1より時間的に近い場合に使う言葉で、「前」とも言えるくらいの時期を指す。

名詞

우리 선조들은 옛날부터 달력을 사용했다.(예전O)
私たちの先祖は昔から暦を用いた。

오랜 세월이 지난 뒤에도 고향은 예전 모습 그대로였다.(옛날O)
長い歳月が過ぎた後も故郷は昔のままだった。

아버지는 취미로 골동품 같은 옛날 물건을 모으고 계신다.(예전×)
父は趣味で骨董品など昔の物を集めている。

예전 같으면 새소리를 자주 들을 수 있었을 텐데.(옛날×)
昔だったら鳥の声をしょっちゅう聞くことができただろうに。

예전에는 이곳에 공장이 있었는데 지금은 아파트가 서 있다.(옛날×)
昔はここに工場があったが、今はマンションが建っている。

賃金

1 임금　**2** 삯

1は給料や手当て、賞与などを指す言葉であるのに対し、2は一回の労働に対する報酬を指す言葉で、お金以外の物で支払われる場合にも使う言葉である。

일한 만큼의 <u>임금</u>을 제대로 지불해 주시기 바랍니다.(삯○)
働いただけの賃金をきちんと支払ってください。

<u>임금</u>이 물가 인상을 따라잡지 못해 생활이 어렵다.(삯×)
賃金が物価の上昇に追いつかず生活が苦しい。

저 회사에서 <u>임금</u>을 받고 일하고 있습니다.(삯※)
あの会社で賃金をもらい仕事をしています。

추수를 도와준 후에 <u>삯</u>으로 쌀을 받았습니다.(임금×)
稲の刈り入れを手伝ったあと、賃金として米を受け取りました。

名詞

宴会

① 잔치　② 연회

1は食事やお酒の席を設けて楽しむ集まりを指す言葉で、2は1より公的で規模が大きい場合、主に慰労や歓迎、送別の席の場合に使う言葉である。

名詞

일부러 초대장까지 보내주었기에 잔치에 참석했습니다.(연회○)
わざわざ招待状まで送ってくれたので宴会に参加しました。

동네 사람들을 불러 아담한 잔치를 열었습니다.(연회×)
町内の人々を呼んでささやかな宴会を開きました。

오늘밤에는 친척들과 집에서 잔치를 합니다.(연회×)
今夜は親戚たちと自宅で宴会をします。

시가 마련한 성대한 연회에 참석하기로 했다.(잔치※)
市が催した盛大な宴会に参加することにした。

연회장에서 선배의 송별식을 열었다.(잔치×)
宴会場で先輩の送別会を開いた。

過ち

1 잘못　2 실수

1は物事がうまく運べず犯した間違いを指す言葉で、2は1の意味でも使うが、単なる不注意による比較的小さなミスや失敗の場合によく使う言葉である。

잘못을 인정하고 뉘우치고 있습니다.(실수O)
過ちを認めて後悔しています。

자기의 잘못을 알았으면 고치도록 노력해라.(실수×)
自分の過ちが分かったなら直すように努力しなさい。

그를 대할 면목이 없는 잘못을 저지르고 말았다.(실수×)
彼に顔向けできないような過ちを起こしてしまった。

남의 잘못만 책망하지 말고 자신을 돌아보시오.(실수×)
他人の過ちばかり責めずに自分を振り返ってみなさい。

단순한 실수로 그런 일이 일어날 리가 없겠지요.(잘못×)
単なる過ち(ミス)でそんなことが起きるわけがないでしょう。

先祖

① 조상　② 선조

1は自分の家系に属した過去の人々を指す言葉で、2は1より遠い人類の先祖というニュアンスが強い言葉である。

名詞

조상들의 현명한 지혜를 본받아야 한다.(선조O)
先祖の賢い知恵を見習わなければならない。

우리 선조들은 옛날부터 달력을 사용했다.(조상O)
私たちの先祖は昔から暦を用いた。

설날에 조상의 산소를 찾아가 성묘를 했다.(선조×)
元日に先祖のお墓を訪ね墓参りをした。

이 시기에는 조상의 영혼이 돌아온다고 일컬어진다.(선조×)
この時期には先祖の魂が帰ってくると言われている。

우리 선조는 수천 년 전부터 이 땅에 살았다.(조상×)
私たちの先祖は数千年前からこの地域に住んでいた。

しわ

① 주름살　**②** 주름

1は人の顔面や首などのしわに限って使う言葉で、2は1の意味に加えて服や紙などのしわの場合にも使う言葉である。

나 때문에 어머니 얼굴에 주름이 늘어난다.(주름살○)
私のせいでお母さんの顔にしわが増えていく。

할머니는 이마에 주름살을 지으면서 잔소리를 하고 계신다.(주름○)
祖母は額にしわを寄せながら小言を言っている。

다림질을 할 때 주름을 잘 펴야 한다.(주름살×)
アイロンがけをするとき、しわをよく取らなければならない。

벗은 재킷이 주름이 지지 않도록 옷장에 겁니다.(주름살×)
脱いだジャケットがしわにならないよう洋服ダンスに掛けます。

名詞

家賃

① 집세 ② 월세

1は広い意味で家を借りるときに支払うお金のことを指し、最初に高額の敷金のようなものを払うシステムの場合にも使う言葉で、2は月ごとに支払ういわゆる家賃を指す言葉である。

名詞

이 집의 집세는 얼마나 됩니까?(월세○)
この家の家賃はいくらになりますか。

역에서 가깝고 월세가 싼 집을 구하고 있습니다.(집세○)
駅から近くて家賃の安い家を探しています。

다달이 집세를 내고 집을 빌리는 것을 '월세'라고 한다.(월세×)
月々家賃を払って家を借りることを「월세」という。

집세가 너무 올라 집을 구하기가 힘들다.(월세※)
家賃の値上がりがひどくて家を見つけるのが難しい。

이번 달 월세를 내니 돈이 거의 바닥이 났습니다.(집세※)
今月の家賃を払ったらお金がほとんどなくなりました。

※ 韓国には家を借りるときに「전세・월세」の二つのシステムがある。「전세」は最初に高額のお金を払うかわりに毎月の家賃はなく、「월세」は日本と同様に毎月一定の家賃を支払うシステムである。1の「집세」という言葉はこの二つのシステム両方の意味を含む言葉である。

順序

1 차례　**2** 순서

1はある基準による並び方や自分に回ってくる順番を指す言葉で、2には1の意味に加えて物事を行う手順という意味もある。

새치기하지 말고 차례를 지켜 주십시오.(순서O)
割り込みしないで順序を守ってください。

극장에 입장하기 위해서는 순서대로 줄을 서야 한다.(차례O)
映画館に入場するためには順序通り列に並ばなければならない。

일에는 순서라는 것이 있다고 생각한다.(차례×)
物事には順序というものがあると思う。

의식을 행하는 순서는 지역에 따라 다릅니다.(차례×)
儀式を行う順序は地域によって違います。

名詞

土地

1 토지　**2** 땅

1は人の生活と活動に利用する地を指す言葉で、2は単に地面というニュアンスが強く、主に話し言葉として使う言葉である。

名詞

이 근방의 토지는 굉장히 비옥합니다.(땅O)
この辺りの土地は非常に肥えています。

할아버지는 많은 땅을 가지고 계십니다.(토지O)
祖父は多くの土地を持っています。

정부는 수년 전부터 토지개량사업을 실시하고 있다.(땅×)
政府は数年前から土地改良事業を実施している。

땅을 평평하게 고르는 작업을 하는 중입니다.(토지×)
土地を平らにならす作業をしているところです。

肌

1 피부　**2** 살갗

1は人間及び動物の体を覆い保護している組織を指し、2は1に比べて肌の感触に重きを置いた言葉で、動物の場合にはあまり使わない言葉である。

희고 부드러운 피부를 원하는 여자들이 많다.(살갗O)
白く柔らかい肌になりたがる女の人が多い。

저 여배우는 누구보다도 살갗이 흽니다.(피부O)
あの女優は誰よりも肌が白いです。

건성 피부는 주름이 잘 생긴다.(살갗×)
乾燥肌はしわができやすい。

이 화장품은 건성피부 지성피부 둘 다 사용할 수 있다.(살갗×)
この化粧品は乾燥肌と脂性肌、両方に使えます。

동상으로 살갗이 갈라져 가렵고 따끔거립니다.(피부×)
凍傷で肌がひび割れ、かゆくてちくちくします。

名詞

都合

① 형편　② 사정

1はほかの物事に及ぼす事情に加え、時間的な都合という意味も含む言葉で、2は1に比べて事情や理由を際立たせたい場合に使い、何かができない理由を伝えるときなどによく使う言葉である。

名詞

당신 형편도 모르고 그런 말을 해서 미안합니다.(사정O)
あなたの都合も知らずあんなことを言ってすみません。

참가하고 싶었지만 사정이 안 좋아 포기할 수밖에 없었다.(형편O)
参加したかったが都合がつかずあきらめるしかなかった。

형편이 닿는 대로 도와드리겠습니다.(사정×)
都合がつき次第、お手伝いします。

개인 사정상 퇴직하겠습니다.(형편×)
一身上の都合で退職させていただきます。

그는 언제나 자신의 사정만 앞세우는 사람이다.(형편※)
彼はいつも自分の都合ばかり優先させる人だ。

하늘은 스스로 돕는 자를 돕는다.
늦었다고 생각했을 때가 가장 빠른 때이다.

02 動詞

沈む

① 가라앉다 ② 잠기다

1は主に水の中に沈んだり、沈んでいくという意味を持ち、2は1に比べてすでに沈んでしまった場合によく使う言葉である。また1は雰囲気などが沈むという場合にも使う言葉である。

動詞

불에 휩싸인 배는 바다 속으로 가라앉았다.(잠기다O)
火に包まれた船は海の底に沈んだ。

우리가 탄 배가 잠길까 두렵습니다.(가라앉다O)
私たちの乗った舟が沈むんじゃないかと怖いです。

수영을 못해서 튜브가 없으면 물 속으로 가라앉는다.(잠기다×)
水泳ができないので浮き輪がなければ水の中に沈む。

병은 연못에 퐁당 빠져 그대로 가라앉았다.(잠기다×)
ビンは池にぼちゃんと落ちて、そのまま沈んだ。

선생님에게 혼나서 분위기는 가라앉았다.(잠기다×)★
先生に叱られて雰囲気は沈んだ。

遮る

1 가리다　**2** 가로막다

1は物を覆って見えないようにすることを指す言葉で、2は邪魔して制止するというニュアンスが強く、主に発言や行動などに使う言葉である。

잘 보이지 않으니 빛을 가리지 마세요.(가로막다O)
よく見えないから光を遮らないで。

폭우가 그녀의 시야를 가로막았습니다.(가리다O)
暴雨が彼女の視野を遮りました。

무대를 커튼으로 가리고 다음 장면을 준비했다.(가로막다×)
舞台をカーテンで遮り、次の場面を準備した。

그는 나의 발언을 가로막고 이야기를 시작했다.(가리다×)
彼は私の発言を遮って話を始めた。

動詞

巻く

① 감다　② 말다

1は紐など細長く薄い物で巻くことを指す言葉で、2は一定の広さを持った薄い物を円筒状に巻くことを指す言葉で、髪を巻く場合にも使う。

動詞

화상을 입은 환자는 온몸에 붕대를 감고 있다.(말다×)
火傷を負った患者は全身に包帯を巻いている。

배에 감고만 있어도 살이 빠집니다.(말다×)
お腹に巻いているだけでも痩せます。

그가 머플러를 목에 감아주었다.(말다×)
彼がマフラーを首に巻いてくれた。

김밥을 예쁘게 말기 위해서는 요령이 필요하다.(감다×)
海苔巻きをきれいに巻くためには要領がいる。

머리를 세팅하기 위해 우선 컬을 맙니다.(감다×)
髪をセットするためまずカーラーを巻きます。

備える

1 갖추다　**2** 마련하다

1は必要なときに使えるように前もって準備することを指す言葉で、2は具体的な使い道などを念頭に置いて物を備える場合にだけ使う言葉である。また1には才能や実力などを持っているという意味もある。

일용품을 갖추기 위해 대형슈퍼에 나갔다.(마련하다○)
日用品を備えるために大型スーパーに出かけた。

우리 호텔에는 약 50개의 방이 마련되어 있습니다.(갖추다○)
当ホテルには約50の部屋が備えてあります。

취직에 필요한 모든 조건을 갖추었습니다.(마련하다×)
就職に必要なあらゆる条件を備えました。

적극성이나 리더십 등의 자질을 갖추고 있다.(마련하다×)★
積極性やリーダーシップなどの資質を備えている。

욕심을 부리기 전에 실력을 갖추세요.(마련하다×)★
欲を出す前に実力を備えなさい。

05 耐える

❶ 견디다   ❷ 버티다

1は外部の力や刺激などに屈しないでじっと我慢することを指す言葉で、2は1に比べて抵抗しがたいほど厳しい環境や外部の圧力に屈しないというニュアンスが強い言葉である。また1は「〜견딜 수 없다」の形で、「〜てたまらない(て耐えられない)」という意味でも使われる。

動詞

추운 겨울을 견디고 매화는 꽃봉오리를 터트렸다.(버티다○)
寒い冬を耐えぬき、梅は花のつぼみを開いた。

신입 사원은 상사의 압력에도 잘 버티고 있다.(견디다○)
新入社員は上司の圧力にもよく耐えている。

이 제품은 무게를 견딜 수 있게 만들어졌습니다.(버티다×)
この製品は重さに耐えられるようにできています。

이 상황은 견디지 못할 만큼 괴로운 것은 아니다.(버티다×)
この状況は耐え切れないほど辛いことではありません。

정부의 심한 탄압에도 굴하지 않고 잘 버티고 있다.(견디다※)
政府の厳しい弾圧にも屈しないでよく耐えている。

経験する

1. 경험하다 2. 겪다

1は実際に見て聞いて行うことを指し、自分の意思を伴うことが多い言葉で、2は1に比べて予期しなかった経験をするというニュアンスが強く、主に苦難などを被る場合に使う言葉である。

우리는 경제 분야에서 여러 변화를 경험했습니다.(겪다○)
私たちは経済分野で様々な変化を経験しました。

그는 우리에게 본인이 겪은 많은 이야기를 해주셨다.(경험하다○)
彼は私たちに自分が経験した多くの話をしてくださった。

작년에 미국에 가서 즐거운 일들만 경험했습니다.(겪다×)
去年、アメリカに行って楽しいことばかり経験しました。

온갖 고초를 겪고 드디어 성공을 거두었다.(경험하다×)
あらゆる苦難を経験してついに成功を収めた。

07  選ぶ

① 고르다 ② 뽑다

1は多くの中からある基準や目的に従って選ぶことを指す言葉で、2はさらに選抜したり、選出するというニュアンスが強い言葉である。

動詞

책에서 어려운 내용을 골라가며 공부하고 있다.(뽑다○)
本から難しい内容を選びながら勉強している。

마음에 드는 물건을 뽑아 주십시오.(고르다○)
気に入った品物を選んでください。

배우자를 잘 골라야 합니다.(뽑다×)
配偶者をしっかり選ばなければなりません。

올바른 답을 골라 써 주세요.(뽑다×)
正しい答えを選んで書いてください。

이번 선거에서는 정직한 국회의원을 뽑아야 한다.(고르다×)
今回の選挙では正直な国会議員を選ばなければならない。

08 転がる

① 구르다 ② 뒹굴다

1は回転しながら一定の方向に進むことを指す言葉で、2は自由な方向に進むことを指したり、無造作に置かれた物の様子や寝転がるという意味でも使う言葉である。

아이들은 잔디에서 구르며 놀았습니다. (뒹굴다O)
子供たちは芝生で転がりながら遊びました。

우리는 훈련을 받을 때 진흙탕을 뒹굴기도 했다. (구르다O)
私たちは訓練を受けるとき、泥沼を転がったりもした。

커다란 바위가 언덕에서 굴러 떨어지고 있습니다. (뒹굴다×)
大きな岩が坂から転がり落ちています。

책상 밑에 연필이 몇 자루 뒹굴고 있다. (구르다×)
机の下に鉛筆が何本か転がっている。

침대에서 뒹굴면서 텔레비전만 보았습니다. (구르다×)
ベッドに転がってテレビばかり見ていました。

動詞

曲げる

1 구부리다　**2** 굽히다

1、2とも一定の方向に力を加えまっすぐな物などを弓形にすることを指す言葉であり、2は主に体を曲げる場合に使い、また★自分の志や意見、主張などを曲げる場合にも使う言葉である。

動詞

허리를 구부려 땅바닥에 떨어진 물건을 주웠다.(굽히다○)
腰を曲げて地面に落ちたものを拾った。

자아, 다음은 팔을 안쪽으로 굽혀 보세요.(구부리다○)
さあ、次は腕を内側に曲げてください。

철사를 구부려 액세서리를 만들었습니다.(굽히다×)
針金を曲げてアクセサリーを作りました。

그 학자는 결국 자신의 주장을 굽히는 처지가 되었다.(구부리다×)★
その学者は結局、自分の主張を曲げる羽目になった。

10 助ける

① 구하다 ② 살리다

1は悪い環境、危うい状況などから救い出すことを指す言葉で、命に関わらないことにもよく使われるが、2にはもともと「〜生かす」という意味があり、1よりも緊迫した状況から命を救う場合によく使われる言葉である。

물에 빠진 친구를 구해 주었습니다.(살리다O)
おぼれた友達を助けてあげました。

환자의 목숨을 살리기 위해 수술을 하기로 결정했다.(구하다O)
患者の命を助けるため、手術をすることに決めた。

산에서 조난된 사람을 구하는 일이 제 업무입니다.(살리다×)
山で遭難した人を助けることが僕の仕事です。

살려 주세요. 사람이 강물에 빠졌어요.(구하다×)
助けてください。人が川で溺れています。

어머니는 아이를 살리기 위해 차 앞으로 뛰어들었다.(구하다※)
母は子供を助けるために、車の前に飛び出した。

動詞

飾る

① 꾸미다 ② 가꾸다

1は場所やものに装飾品などを追加したりして見栄えよくすることを指す言葉で、2は主に女性がきれいに着飾る場合に使う言葉である。

動詞

여자는 외모를 꾸미는 데 돈을 씁니다.(가꾸다O)
女は外見を飾るのにお金を使います。

방을 장미꽃과 초로 화려하게 꾸몄습니다.(가꾸다×)
部屋をばらの花やろうそくで華やかに飾りました。

벽을 울긋불긋한 풍선으로 꾸몄다.(가꾸다×)
色とりどりの風船で壁を飾った。

봄을 맞이하여 가게를 예쁘게 꾸몄습니다.(가꾸다×)
春を迎えて店をきれいに飾りました。

育てる

1 기르다　**2** 키우다

1、2とも人や動植物の世話をし、成長させたり、体を鍛えて強くすることを指す言葉であるが、1には精神を鍛えて強くするという意味もあり、2には才能を養ったり、規模などを大きくするという意味もある。また2は愛を育てる場合にも使う言葉である。

그녀는 아이도 잘 기르고 음식도 잘합니다.(키우다○)
彼女は子供もしっかりと育てるし、料理も上手です。

딸은 병아리를 세 마리 기르고 있습니다.(키우다○)
娘はひよこを三羽育てています。

어머니는 취미로 화초를 키우십니다.(기르다○)
お母さんは趣味で観葉植物を育てています。

강인한 정신력을 기르고 시합에 임하겠습니다.(키우다×)
強靭な精神力を育てて試合に取り組みます。

그의 일은 신인을 발굴해서 키우는 일입니다.(기르다×)
彼の仕事は新人を発掘して育てることです。

두 사람은 10년간 사랑을 소중히 키워왔다.(기르다×)★
二人は10年間大切に愛を育ててきた。

 # 折る

① 꺾다　② 부러뜨리다

1は主に棒状、板状の物を鋭角的に曲げて本体から切り離すことを指す言葉で、2は強い力を加えて折るというニュアンスが強く、主に硬い物の場合に使う言葉である。

動詞

나뭇가지를 일부러 꺾으면 안 됩니다.(부러뜨리다O)
木の枝をわざと折ってはいけません。

꽃을 꺾어 꽃병에 꽂았습니다.(부러뜨리다×)
花を折って花瓶に挿しました。

이놈들, 다리를 부러뜨려 놓을 테다.(꺾다×)
こいつら、足を折ってやるぞ。

격분한 남자는 내가 소중히 여기던 지팡이를 부러뜨렸다.(꺾다×)
激怒した男は私が大事にしていた杖を折ってしまった。

叱る

① 꾸짖다 ② 야단치다

1は目下の人の過ちをとがめることを指す言葉で、2は1に加え、声を荒立てて大げさに叱りつけるというニュアンスが強い言葉である。

아주머니는 큰 소리로 아이를 꾸짖었습니다.(야단치다○)
おばさんは大きな声で子供を叱りました。

선생님께서는 시험 결과를 보시고 우리들을 야단치셨다.(꾸짖다○)
先生は試験の結果を見て私たちを叱った。

다시는 거짓말을 하지 말라고 조용히 꾸짖었습니다.(야단치다×)
二度と嘘をつくなと静かに叱りました。

이 아이는 장난을 치지 않게 됐다. 엄하게 야단친 보람이 있다.(꾸짖다×)
この子はいたずらをしなくなった。厳しく叱っただけのことはある。

終える

① 끝내다 ② 마치다

1は進行中である事を積極的に済ませることを指す言葉で、2は1に比べて自分の意思というよりは時間の流れによって終わるというニュアンスが強く、学業などの一定の課程を終える場合にも使う言葉である。

프로젝트를 이번 주까지는 끝내도록.(마치다O)
プロジェクトを今週までには終えるように。

공연을 무사히 마치고 대기실로 돌아왔습니다.(끝내다O)
公演を無事に終え、控え室に戻りました。

한번 시작했던 일을 그런 식으로 끝낼 수는 없다.(마치다×)
一旦始めた仕事をそんなふうに終えることはできない。

대학과정을 마치고 대학원에 진학했습니다.(끝내다×)
大学の課程を終えて大学院に進学しました。

아버지는 야근을 마치고 피곤한 얼굴로 돌아오셨다.(끝내다×)
父は残業を終えて疲れた顔で帰ってきた。

그는 파란만장한 일생을 마쳤습니다.(끝내다×)
彼女は波乱万丈な一生を終えました。

出かける

① 나가다　② 나서다

1は一定の空間から出るということを指す言葉で、一方2はある特定の目的を果たすために出発するというニュアンスが強い言葉である。

개를 데리고 산책하러 나갔습니다.(나서다○)
犬を連れて散歩に出かけました。

지금 장을 보러 나서는 중입니다.(나가다○)
今、買い物に出かけるところです。

나가려고 하는데 친구가 왔습니다.(나서다×)
出かけようとしたら友達が来ました。

사장님께서는 지금 지점에 나가 계십니다.(나서다×)
社長は今、支店に出かけています。

아버지는 집을 나간 동생을 찾아 나섰다.(나가다×)
父は家出した弟を探しに出かけました。

動詞

17 分ける

① 나누다　② 가르다

1、2とも一つになっている物をいくつかの部分にしたり、種類によって区分することを指すが、1は一つの物をいくつかに分ける場合、分けてから分配するという意味まで含まれている。一方2は、一つの物を分割する行為自体を指す言葉である。また2には物を左右に押し開くという意味もある。★

動詞

팀을 둘로 나누어 게임을 했습니다.(가르다O)
チームを二つに分けてゲームをしました。

피자를 주문해서 6명이서 나누었다.(가르다×)
ピザをオーダーして6人で分けた。

다음 글을 세 문단으로 나누시오.(가르다×)
次の文を三つの段落に分けなさい。

3회로 나누어 지불하겠습니다.(가르다×)
三回に分けてお払いします。

머리를 한가운데서 갈랐군요.(나누다×)
髪を真ん中から分けたんですね。

인파를 가르고 앞으로 나오니 입구가 보이기 시작했다.(나누다×)★
人波を分けて前に出たら入り口が見え始めた。

18 責める

1 나무라다 　 2 책망하다

1は主に目下の人の過ちを直接口に出してとがめてたしなめることを指す言葉で、2は口に出す出さないに関わらす、対象となる過ちを不満に思っている心的態度を表す言葉である。

술을 먹고 외박한 아들을 엄하게 나무랐다.(책망하다○)
お酒を飲んで外泊した息子を厳しく責めた。

남의 잘못만 책망하지 말고 자신을 돌아보시오.(나무라다○)
他人の過ちばかり責めずに自分を振り返ってみなさい。

남 앞에서 그렇게 나무라지 마세요.(책망하다×)
人の前でそんなに責めないでください。

이제 더 이상 책망하는 소리를 듣고 싶지 않아.(나무라다×)
もうこれ以上責める言葉は聞きたくない。

動詞

19 現れる

1 나타나다　**2** 드러나다

1は遮られて見えなかった物や今までなかったものが姿を見せることを指す言葉で、2は隠れていたものや事柄が際立って見えてくるというニュアンスが強く、抽象的なことによく使う言葉である。

動詞

구름과 구름 사이로 달이 나타났다.(드러나다O)
雲と雲の間から月が現れた。

요즘 멧돼지가 자주 나타나서 피해를 주고 있다.(드러나다×)
最近、いのししがよく現れ被害を与えている。

수면제의 효과는 금세 나타났습니다.(드러나다×)
睡眠薬の効果はすぐ現れました。

효과가 나타나기까지 상당히 오랜 시간이 걸릴 것 같다.(드러나다×)
効果が現れるまでにはかなり長い時間がかかりそうだ。

취하자마자 그의 본성이 드러났습니다.(나타나다×)
酔っ払ったとたん、彼の本性が現れました。

마침내 그의 진가가 세상에 드러났다.(나타나다×)
ようやく彼の真価が世に現れた。

治る

1. 낫다　2. 아물다

1、2とも病気やけががよくなってもとの状態に戻ることを指す言葉で、1のほうが一般的によく使われる表現であり、2は主に皮膚の傷や吹き出物がよくなって傷跡が癒える場合に使う言葉である。

공기가 통하면 상처가 빨리 낫습니다.(아물다O)
空気が通れば傷が早く治ります。

상처가 완전히 아물기까지 주의하세요.(낫다O)
傷がすっかり治るまで注意してください。

병은 나았지만 무척 마른 것 같습니다.(아물다×)
病気は治りましたが、ずいぶん痩せたようです。

여름철이라 베인 상처가 좀처럼 아물지 않는다.(낫다※)
夏なので切り傷がなかなか治らない。

動詞

21 倒れる

① 넘어지다 ② 쓰러지다

1は立っていられず転んだり、横になることを指す言葉で、主に何かにつまずいたりして、転ぶ場合に使い、2は1に比べて全体的に地面につくというニュアンスが強く、貧血などでばったり倒れる場合などに使う。また2にはひどく疲れ果てたり病気のため床につくという意味もあり、企業や政権などが外部の要因によりつぶれるという意味もある。

친구는 갑자기 넘어졌습니다.(쓰러지다○)
友達はいきなり横に倒れてしまいました。

달리던 아이는 발이 걸려 넘어졌습니다.(쓰러지다×)
走っていた子供は足が引っかかって倒れました。

태풍으로 가로수가 쓰러져 있었다.(넘어지다※)
台風で並木が倒れていた。

아버지가 병으로 쓰러지셨다는 말을 듣고 깜짝 놀랐다.(넘어지다×)★
父が病気で倒れたという話を聞いてびっくりした。

자금난에 빠진 중소기업들이 줄줄이 쓰러졌다.(넘어지다×)★★
資金難に陥った中小企業が次々に倒れた(倒産した)。

22 入れる

1 넣다　2 담다

1は外側にあるものをある範囲の中や内側に入れることを幅広く指す言葉であり、2は主に物をほかの場所から容器の中に移し入れる場合に使い、人の場合には使わない言葉である。また1には電源を入れるという意味もある。

이 화병에 물을 반 정도 **넣어** 오너라.(담다○)
この花瓶に水を半分ぐらい入れて来なさい。

커피에 프림과 설탕을 **넣어** 주세요.(담다×)
コーヒーにミルクと砂糖を入れてください。

추워서 호주머니에 손을 **넣었습니다**.(담다×)
寒くてポケットに手を入れました。

저도 꼭 그 프로젝트에 **넣어** 주세요.(담다×)
ぜひ私もそのプロジェクトに入れてください。

김치를 만들어 항아리에 **담아** 익혔습니다.(넣다※)
キムチを作り、つぼに入れて発酵させました。

이 음식을 밀폐용기 세 개에 나누어 **담아** 주세요.(넣다※)
この料理を三つのタッパーに分けて入れてください。

컴퓨터에 전원을 **넣어** 주세요.(담다×)★
コンピューターに電源を入れてください。

動詞

23 溶ける

① 녹다　② 풀리다

1は外部の刺激で固体そのもの自体が液状になることを指す言葉で、2は粉などがまわりの液体に溶けて馴染むというニュアンスが強い言葉である。

動詞

이 세제는 찬물에도 잘 녹습니다.(풀리다O)
この洗剤は冷たい水にもよく溶けます。

이 온도에서는 물감이 잘 풀리지 않는다.(녹다O)
この温度では絵の具はよく溶けない。

빨리 먹지 않으면 빙수가 녹아요.(풀리다×)
早く食べないとかき氷が溶けるよ。

화재로 플라스틱이 녹아 버렸다.(풀리다×)
火事でプラスチックが溶けてしまった。

置く

1. 놓다　2. 두다

1は手で持っていた物を置くことを指す言葉で、2は物を一定の状態に留めておくというニュアンスが強く、人の場合にも使う言葉である。また1、2とも補助動詞「～ておく」の意味もあり、★両方を一緒に使うとき（置いておく）は「놓아두다」になる。★★

소화기는 눈에 잘 띄는 곳에 놓아야 한다.(두다○)
消火器はよく目につくところに置かなければならない。

잊어버리지 말고 책상 위에 책을 두고 들어가시오.(놓다○)
忘れずに机の上に本を置いて入りなさい。

뜨거운 냄비를 놓을 때는 밑에 뭔가 깔아 주세요.(두다×)
熱い鍋を置くときは下に何か敷いてください。

고국에 두고 온 아이를 생각하면 가슴이 아픕니다.(놓다×)
故国に置いてきた子供を思うと胸が痛いです。

미리 음식을 준비해 놓을 테니 걱정하지 마세요.(두다○)★
前もって食べ物を準備しておくから心配しないでください。

서류는 책상 위에 놓아두시기 바랍니다.★★
書類は机の上に置いておいてください。

動詞

25 近付く

① 다가오다 ② 접근하다

1、2ともある場所の近くへと移動することを指す言葉であるが、1はある時期が迫ってきている場合にも使うことができる。一方、2にはある意図を持って人に近付くという意味もあり、時期の場合には使えない言葉である。

動詞

태풍이 점점 다가오고 있습니다.(접근하다O)
台風がだんだん近付いてきています。

유람선이 선착장 부근으로 접근했습니다.(다가오다O)
遊覧船が船着場の付近へと近付きました。

아내가 미소를 지으며 나에게로 다가왔다.(접근하다×)
妻が微笑みながら私に近付いてきた。

기다리고 기다리던 여름이 다가왔습니다.(다가오다×)
待ちに待った夏が近付いてきました。

이제 두 번 다시 그에게 접근하지 말아라.(다가오다×)
もう二度と彼に近付くな。

引く

① 당기다　② 끌다

1は物を自分の手前に動かしたり、たぐり寄せることを指す言葉で、2は地面などに触れたまま動かす場合によく使う言葉である。また2には興味や注意、人目などを引くという意味もある。

의자를 조금 더 **당겨** 앉도록 해라.(끌다○)
椅子をもう少し引いて座るようにしなさい。

그를 향해 방아쇠를 힘껏 **당겼습니다**.(끌다×)
彼に向けて引き金を勢いよく引きました。

더 세게 **당기자**! 조금밖에 남지 않았어.(끌다×)
もっと強く引こう！あと少しだ。

싫어하는 아이의 손을 **끌고** 병원에 갔습니다.(당기다×)
嫌がる子供の手を引いて病院に行きました。

말이 짐수레를 **끌고** 있습니다.(당기다×)
馬が荷車を引いています。

그녀의 관심을 **끌려고** 꽃다발을 선물했다.(당기다×)★
彼女の関心を引こうと花束をプレゼントした。

27 触れる

1 닿다　**2** 스치다

1はある物が他の物にほんの短い間、軽く触れたり接触したりすることを指す言葉で、2は二つの物が互いに触れ合うというニュアンスが強く、かすったり擦れたりするように、両方が触れ合いながら通り過ぎるときに主に使う。

動詞

그의 손과 내 손이 살짝 닿았습니다.(스치다O)
彼の手と私の手がそっと触れました。

머리가 어깨에 닿지 않도록 잘라 주세요.(스치다×)
髪が肩に触れないように切ってください。

연을 날릴 때는 전선에 닿지 않도록 해주세요.(스치다×)
凧上げをするときは、電線に触れないようにしてください。

유아의 손에 닿지 않도록 주의하여 주십시오.(스치다×)
幼児の手に触れないようにしてください。

시원한 바람이 얼굴을 스치고 지나갔습니다.(닿다×)
涼しい風が顔に触れていきました。

加える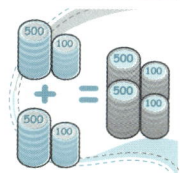

① 더하다 ② 보태다

1は数量や程度などを加えて以前より多くすることを指す言葉で、2は1に比べて足りない部分を補うというニュアンスが強い言葉である。

하나에 하나를 더하면 둘이 됩니다.(보태다○)
1に1を加えると2になります。

이 돈에 2만원을 보태면 살 수 있습니다.(더하다○)
このお金に2万ウォンを加えると買うことができます。

조미료를 더해 맛을 내면 완성입니다.(보태다×)
調味料を加えて味を調えれば完成です。

마지막으로 전분을 넣어 찰기를 더합니다.(보태다×)
最後に片栗粉を入れてとろみを加えます。

動詞

かぶせる

1) 덮다　2) 씌우다

1、2ともある物を他のもので覆うことを指す言葉であるが、2は1よりきっちりかぶせるというニュアンスが強い言葉である。また1には全体に注ぎかけるという意味もあり、2には人に帽子をかぶせたり、罪を着せるという意味もある。

먼지가 들어가지 않도록 뚜껑을 덮어 두었다.(씌우다O)
ほこりが入らないように蓋をかぶせておいた。

반찬을 신선하게 보관하기 위해 그릇에 랩을 씌우다.(덮다×)
おかずを新鮮に保存するために皿にラップをかぶせる。

씨앗을 뿌리고 나서 흙을 덮어 두었습니다.(씌우다×)★
種をまいてから土をかぶせておきました。

허수아비에 밀짚모자를 씌웠습니다.(덮다×)★★
かかしに麦わら帽子をかぶせました。

다른 사람에게 죄를 씌우고 본인은 무죄가 되었다.(덮다×)★★
ほかの人に罪をかぶせて自分は無罪になった。

返す

1 돌려주다   2 갚다

1は無償で借りたものを元の持ち主に戻すことを指し、一般的によく使われる言葉で、2は返却すべきである借金や恩、仇などの場合に使う言葉である。

이 돈을 언제까지 돌려주면 되겠니?(갚다○)
このお金をいつまでに返せばいいの。

선배에게 빌린 책을 다 읽고 나서 돌려주었다.(갚다×)
先輩に借りた本を読み終えてから返した。

그는 결국 은행 빚을 갚을 수 없었다.(돌려주다×)
彼は結局、銀行の借金を返せなかった。

받은 은혜를 갚는 것은 당연한 일입니다.(돌려주다×)
受けた恩を返すのは当然なことです。

은혜를 원수로 갚다니 괘씸하다.(돌려주다×)
恩を仇で返すとはけしからん。

面倒を見る

① 돌보다 ② 보살피다

1は関心を持って世話をすることを指す言葉で、2は1に比べると保護しながら助けるというニュアンスが強く、主に弱者に対して使う言葉である。両親や祖父母の面倒を見る場合には必ず2を使う。

動詞

그녀는 아이가 건강하게 자라도록 정성껏 돌보았다.(보살피다○)
彼女は子供が健やかに育つように心をこめて面倒を見た。

그는 고아들을 친자식처럼 보살폈다.(돌보다○)
彼は自分の子供のように、孤児たちの面倒を見た。

사정이 있어 친구 가족을 돌보고 있습니다.(보살피다×)
事情があって友達の家族の面倒を見ています。

이제는 네가 연세 드신 부모님을 보살펴 드려라.(돌보다×)
これからは君が年老いた両親の面倒を見てあげなさい。

32 差し上げる

① 드리다 ② 바치다

1は目上の人に物をあげることを指し、一般的によく使われる言葉で、2は1よりもさらに相手を敬い献上するというニュアンスの強い言葉である。また1は連絡や電話、返事などの抽象的な場合にも使う。

교회에 가서 헌금을 드렸습니다.(바치다O)
教会に行って献金を差し上げました。

교수님께 선물을 드리려고 고르고 있다.(바치다×)
教授にプレゼントを差し上げようと選んでいる。

임금님께 고장의 특산품을 바쳤습니다.(드리다×)
王様に地元の特産品を差し上げました。

임금을 지키기 위해서라면 목숨을 바치겠습니다.(드리다×)
王を守るためなら、命を差し上げます。

답변을 드리지 못해서 죄송합니다.(바치다×)★
お返事を差し上げられなくて、申し訳ありません。

持つ

1. 들다 2. 가지다 3. 지니다

1は手に持つことを指す言葉で、2は1の意味に加えて一時的に所有することを指し、人の考えや態度の場合にも使う言葉で、3は主にお守りなど長い間身につける場合に使い、人の性質や才能の場合にも使う言葉である。

動詞

친구는 왼손으로 젓가락을 들고 식사를 한다.(가지다×, 지니다×)
友達は左手で箸を持って食事をしている。

외국인은 항상 여권을 들고 다닙니다.(가지다O, 지니다O)
外国人はいつもパスポートを持ち歩きます。

내가 여기서 짐을 가지고 있을 테니 다녀와라.(들다O, 지니다×)
私がここで荷物を持っているから、行って来なさい。

나도 어느 정도의 권리는 가지고 있다고 생각해.(들다×, 지니다×)
私もある程度の権利は持っていると思うよ。

아들은 비로소 공부에 흥미를 가지기 시작했다.(들다×, 지니다※)
息子はようやく勉強に興味を持ち始めた。

평상시에 부적을 지니고 다닙니다.(들다×, 가지다※)
普段、お守りを持ち歩いています。

그는 따뜻한 마음을 지니고 있습니다.(들다×, 가지다O)
彼は温かい心を持っています。

注ぐ

① 따르다 ② 붓다

1は液体を少しずつ注ぎ入れることを指す言葉で、2は多くの量を一度に注ぐというニュアンスが強く、主に大きな容器に入れる場合に使う言葉である。

뜨거운 물을 그릇에 따랐습니다.(붓다○)
お湯を器に注ぎました。

손님 술잔에 술을 따라 드렸습니다.(붓다×)
お客の杯にお酒を注いであげました。

컵에 물을 따라 마셨습니다.(붓다※)
コップに水を注いで飲みました。

욕조에 물이 넘치지 않게 부어 주세요.(따르다×)
浴槽に水が溢れないように注いでください。

물통의 물을 수조에 남김없이 부어 주세요.(따르다×)
バケツの水を水槽に残さず注いでください。

動詞

35 はたく

① 떨다　② 털다

1、2ともついているほこりなどを叩いたり揺さぶって落とすことを指す言葉で、2は1よりも勢いよく叩いたり揺さぶるさまを表す言葉である。

動詞

먼지떨이로 먼지를 떨고 걸레로 닦았다.(털다○)
はたきでほこりをはたいて雑巾で拭いた。

옷에 묻어 있는 먼지를 털었습니다.(떨다○)
服についているほこりをはたきました。

그녀는 먼지가 잔뜩 묻은 옷을 털었다.(떨다×)
彼女はほこりがたくさんついた服をはたいた。

날씨가 좋은 날은 이불을 텁니다.(떨다×)
天気のいい日は布団をはたきます。

36 はがす

❶ 떼다　❷ 뜯다

1は引き離した両面に傷を付けずはぎ取ることを指す言葉で、2は1に比べて引き離す範囲が広い場合や、主に引き離した物に傷が付く場合に使う言葉である。

편지에 붙어 있는 우표를 뗐습니다.(뜯다O)
手紙に付いている切手をはがしました。

이 포스터를 뜯고 새 포스터를 붙였습니다.(떼다O)
このポスターをはがして新しいポスターを貼りました。

종이를 조심스럽게 떼어 한 번 더 사용했다.(뜯다×)
紙を用心深くはがしてもう一度使った。

진귀한 우표라서 버리지 않고 떼어 두었다.(뜯다×)
珍しい切手なので捨てずにはがしておいた。

그렇게 아무렇게나 잡아 뜯지 말아라.(떼다×)
そんなに無造作に引きはがさないで。

벽지를 뜯고 새로 붙였습니다.(떼다×)
壁紙をはがして新しく貼りなおしました。

動詞

担ぐ

1 메다 2 짊어지다

1は物を肩にかけることを指す言葉で、2は1に比べておおざっぱにまとめて担ぐというニュアンスが強く、背負う場合にも使う言葉である。

動詞

어깨에 배낭을 메고 하루 종일 걸었다.(짊어지다O)
肩にリュックサックを担いで一日中歩いた。

무거운 가방을 어깨에 짊어지고 학교에 다닙니다.(메다O)
重い鞄を肩に担いで学校に通っています。

군인들은 총을 메고 행진을 계속했습니다.(짊어지다×)
軍人たちは鉄砲を担いで行進を続けました。

등에 큰 물건을 짊어지고 걸어가고 있습니다.(메다×)
背中に大きい物を担いで歩いています。

산타할아버지가 무거운 자루를 짊어지고 오셨다.(메다×)
サンタのおじさんが大きい袋を担いで来た。

集める

1 모으다 2 거두다

1は人や物を1箇所にまとめることを指す言葉で、2は物や金品の場合にだけ使い、ある目的を持って回収したり徴収したりするというニュアンスが強い言葉である。また1には興味や関心などを引きつけるという意味もある。

사원들이 돈을 모아서 장학금을 주었습니다.(거두다O)
社員たちがお金を集めて奨学金をくれました。

후원자들에게 기부금을 거두어 역사 박물관을 세웠다.(모으다O)
後援者から寄付金を集め、歴史博物館を建てた。

우표를 모으는 일이 유일한 취미입니다.(거두다×)
切手を集めることが唯一の趣味です。

지난주에 개봉한 한국영화는 관객을 모으고 있습니다.(거두다×)
先週封切された韓国映画は観客を集めています。

그녀의 행동은 군중의 시선을 단번에 모았습니다.(거두다×)★
彼女の行動は群集の視線を一気に集めました。

こする

① 문지르다 ② 비비다

1はある物の表面を他の物に強く押し当てて動かすことを指し、道具を使う場合にも使う言葉で、2は主に布など柔らかい物の場合に使い、やさしくこする場合にも使う言葉である。

動詞

양손을 문지르며 얼었던 몸을 녹였습니다.(비비다○)
両手をこすりながら凍えていた体を温めました。

엄마는 속옷을 비벼 빨고 있었습니다.(문지르다○)
母は下着をこすり洗いしていました。

페인트를 칠하기 전에 사포로 표면을 문질러야 한다.(비비다×)
ペンキを塗る前にやすりで表面をこすらなくてはならない。

타월로 등을 문질러 씻었습니다.(비비다×)
タオルで背中をこすって洗いました。

브러시로 문질러 구석구석까지 깨끗하게 닦았습니다.(비비다×)
ブラシでこすって隅々まできれいに磨きました。

졸린 눈을 비비며 공부하고 있습니다.(문지르다×)
眠い目をこすりながら勉強しています。

尋ねる

① 묻다　② 찾다

1はわからないことを人に質問することを指す言葉で、2は行方など所在のわからないものをさがし求めることを指す言葉で、物事のおおもとを明らかにしようと調べる場合にも使う言葉である。

누가 길을 묻거든 친절하게 알려줘라.(찾다×)
誰かに道を尋ねられたら、親切に教えてあげなさい。

네게 좀 묻고 싶은 것이 있어.(찾다×)
君にちょっと尋ねたいことがあるんだ。

가출한 아들을 찾아 여기까지 왔습니다.(묻다×)
家出した息子を尋ねてここまで来ました。

인류의 기원을 찾아 아프리카에 몇 번이나 갔습니다.(묻다×)
人類の起源を尋ねてアフリカへ何度も行きました。

動詞

41 かむ

① 물다　② 깨물다

1は上下の歯を力強く合わせて物を挟むことを指す言葉で、2はかんだり砕いたりすることを指す言葉である。また1には動物や虫などが人をかむという意味と、食べ物などを口にくわえるという意味もある。

動詞

분해서 입술을 꽉 물었습니다.(깨물다○)
悔しくて唇をぎゅっとかみました。

사자가 새끼양을 물어 죽였습니다.(깨물다×)
ライオンが子羊をかみ殺しました。

사탕을 깨물어 먹는 버릇이 있습니다.(물다×)
飴をかんで食べる癖があります。

친구 집에 들어가려다가 개에게 물렸습니다.(깨물다×)★
友達の家に入ろうとしたら犬にかまれました。

 # 及ぶ

① 미치다 ② 이르다

1、2とも一定のレベルや範囲に達することを指す言葉であるが、1はある水準に届くというニュアンスが強い言葉で、2は結果としてある状態や段階になる場合によく使う言葉である。

댐 수위가 20미터에 미쳤습니다.(이르다○)
ダムの水位が20メートルに及びました。

이곳은 사람들의 발걸음이 미치지 않는 해변이다.(이르다×)
ここは人々の足が及ばない海辺だ。

효과는 기대에 미치지 못했다.(이르다×)
効果は期待に及べなかった。

가격 상승률이 100퍼센트에 이르렀습니다.(미치다×)
価格の上昇率は100パーセントに及びました。

회의가 지연되어 심야 1시에 이르렀습니다.(미치다×)
会議が長引いて深夜1時まで及びました。

動詞

押す

① 밀다　② 누르다

1は人や物に力を加えて前へ進むようにすることを指す言葉で、2は物に圧力を加える動作を意味する言葉である。また1には状態や事柄を先へ進めるという意味もあり、2にはボタンや呼び鈴などを作動させるという意味もある。

動詞

시동이 꺼진 차를 뒤에서 밀었습니다.(누르다×)
エンジンの切れた車を後ろから押しました。

위에서 아래로 힘차게 눌러 주시기 바랍니다.(밀다×)
上から下に向けて力強く押してください。

이상한 키를 눌러서 컴퓨터가 다운되었습니다.(밀다×)
変なキーを押したのでコンピューターがフリーズしてしまいました。

이 방침을 밀고 나가고 싶습니다.(누르다×)★
この方針で押していきたいと思います。

초인종을 누르고 남편이 나오기를 기다렸습니다.(밀다×)★★
呼び鈴を押して主人が出てくるのを待ちました。

願う

1. 바라다 2. 원하다

1、2ともそうなることを望むという意味の言葉で、2は1に比べて切実に望み求めるというニュアンスが強く、主に自分のために具体的なことを願う場合に使う言葉である。人のために願ったり、相手に「～してくださるようお願いします」という場合には1を使う。

자식의 출세를 바라지 않는 부모는 없습니다.(원하다○)
子供の出世を願わない親はいません。

이번 시험에 꼭 합격하기를 간절히 원하고 있다.(바라다○)
今回の試験に必ず合格することを切実に願っている。

새로운 사업의 성공을 진심으로 바랍니다.(원하다×)
新しい事業の成功を心から願っております。

오래오래 건강하게 사시기를 바랍니다.(원하다×)
いつまでもお元気でいらっしゃることを願います。

부디 도움을 주시기를 바랍니다.(원하다×)
ぜひ、ご援助くださるようお願いいたします。

動詞

見つめる

❶ 바라보다 ❷ 쳐다보다

1、2ともある対象から目をそらさずに見るという意味の言葉で、2は上目使いで見たり実際に顔を上げて見る場合によく使い、間近で見つめるという印象が強い言葉である。また1は具体的な物ではなく、現象や事態などを見るという意味でも使う。

> 그렇게 슬픈 눈으로 바라보지 마라.(쳐다보다O)
> そんなに悲しい目で見つめるなよ。
>
> 나를 쳐다보는 어머니의 시선이 아무래도 이상하다.(바라보다O)
> 私を見つめる母の視線がどうもおかしい。
>
> 그저 바라볼 수만 있어도 좋습니다.(쳐다보다×)
> ただ見つめていられるだけでもいいです。
>
> 떠나는 그녀를 바라보고 있을 수밖에 없었다.(쳐다보다×)
> 去っていく彼女を見つめているほかありませんでした。
>
> 아내는 내 얼굴을 뚫어지게 쳐다보았습니다.(바라보다×)
> 家内は僕の顔をじっと見つめました。
>
> 현실을 제대로 바라보아야 합니다.(쳐다보다×)★
> 現実をしっかりと見つめなければいけません。

開ける

① 벌리다　② 띄우다

1は二つのものの間を広げることを指す言葉で、2は何かを配置するときなどに、人為的に左右や上下の間に余裕をもって置くというニュアンスが強く、主に空間や時間の間を置く場合に使う言葉である。

간격을 어느 정도 벌려서 배치하도록 하세요.(띄우다O)
間隔をある程度開けて配置するようにしなさい。

이 화분의 거리를 좀 더 띄웠으면 합니다.(벌리다O)
この植木鉢の距離をもう少し開けてほしいです。

입을 크게 벌리고 하품을 했습니다.(띄우다×)
口を大きく開けてあくびをしました。

한 행씩 띄워서 문장을 적어 주세요.(벌리다×)
一行ずつ開けて文章を書いてください。

動詞

変わる

① 변하다 ② 바뀌다

1は物事の様子や状態が以前と違う別のものに変化することを指す言葉で、2は新しいものに切り替わるというニュアンスが強い言葉である。また2には年や月などが改まるという意味もある。

動詞

세월도 시대도 변하고 있습니다.(바뀌다○)
歳月も時代も変わっています。

변성기를 거치고 나서 목소리가 바뀌어 버렸다.(변하다○)
変声期を経てから声が変わってしまった。

당신의 모습은 전혀 변하지 않았네요.(바뀌다×)
あなたは全然変わっていないですね。

성공하고 나자 남자는 사람이 변했습니다.(바뀌다×)
成功してから男は人が変わりました。

교차로의 신호가 파란 불로 바뀌었습니다.(변하다×)
交差点の信号が青に変わりました。

한국에서는 해가 바뀌면 한 살을 먹습니다.(변하다×)★
韓国では年が変わると1歳年を取ります。

送る

① 보내다 ② 부치다

1、2ともものを先方に届くようにすることを指す言葉であるが、1は情報や拍手、視線などの場合にも使う言葉で、2は主にお金や郵便物など具体的な物の場合にだけ使う言葉である。また1にはときを過ごすという意味もある。

우체국에 가서 친구에게 소포를 보내고 왔습니다.(부치다O)
郵便局に行って友達に小包を送ってきました。

고향에 계시는 부모님께 돈을 부쳤습니다.(보내다O)
田舎にいる親にお金を送りました。

끊임없이 노력하는 네게 성원을 보낸다.(부치다×)
絶えず努力しているお前に声援を送るよ。

해외에서 열심히 일하는 너에게 박수를 보낸다.(부치다×)
海外で一生懸命働くお前に拍手を送るよ。

풍족한 노후생활을 보내기 위해 노력한다.(부치다×)★
豊かな老後生活を送るために努力する。

壊れる

① 부서지다 ② 망가지다

1は力が加えられて元の形がゆがんだり失われたりすることを指し、抽象的な場合にも使う言葉で、2は機能に故障が起きて使えなくなるというニュアンスが強い言葉である。

의자가 부서져서 도저히 앉을 수 없습니다.(망가지다○)
椅子が壊れてとても座れたものではありません。

튼튼한 제품은 강한 충격에도 쉽게 망가지지 않는다.(부서지다○)
丈夫な製品は強い衝撃にも簡単には壊れない。

오랫동안 품어온 꿈이 순식간에 부서졌다.(망가지다×)
長い間抱いてきた夢が一瞬にして壊れた。

컴퓨터가 오래되어 결국 망가졌습니다.(부서지다×)
パソコンが古くなり結局壊れました。

호르몬의 밸런스가 망가지기 시작했습니다.(부서지다×)
ホルモンのバランスが壊れ始めました。

壊す

① 부수다 ② 깨뜨리다

1は物に力を加えて元の形を崩したり失わせたりすることを指し、大きい物を破壊する場合にも使う言葉で、2は1に比べて陶器などの堅い物を割ったり、粉々にしたりするというニュアンスが強く、不注意で壊してしまう場合によく使う。また2にはまとまっていた物事や状態をだめにするという意味もある。

늘 쓰던 그릇을 깨뜨리고 말았습니다.(부수다×)
普段使っていた器を壊してしまいました。

꽃병을 떨어뜨려 깨뜨리고 말았습니다.(부수다※)
花瓶を落として壊してしまった。

집을 다시 짓기 위해 콘크리트 벽을 부수었다.(깨뜨리다×)
家を建て直すためにコンクリートの壁を壊した。

전체적인 분위기를 깨뜨리지 않도록 하세요.(부수다×)★
全体的な雰囲気を壊さないようにしてください。

 # 付ける

① 붙이다 ② 달다

1は物と物をしっかりと密着させることを指し、切手やポスターを貼る場合や、何かを添えたり、人をそばに置いて世話などをさせたりする場合にも使う言葉である。2は1に比べると、ある物を一定の場所に付着させたり、取り付けたりするというニュアンスが強く、ボタンや名札などを付ける場合や、機器などを設置する場合などに使う言葉である。

수출용 제품에 라벨을 붙이고 있습니다.(달다O)
輸出用の製品にラベルを付けています。

그녀에게 보디가드를 붙였습니다.(달다×)
彼女にボディーガードを付けました。

간격을 두지 말고 소파를 벽에 붙여 주세요.(달다×)
間隔を置かないでソファーを壁に付けてください。

학교에서는 명찰을 왼쪽 가슴에 달아야 한다.(붙이다×)
学校では名札を左側の胸に付けなければならない。

날씨가 푹푹 찌니 방에 에어컨을 달고 싶다.(붙이다×)
蒸し暑いので部屋にクーラーを付けたい。

借りる

① 빌리다　② 꾸다

1、2とも後で返すという約束のもとで他人の物を借りることを指す言葉であるが、2はお金の場合にだけ使う言葉である。また1には場所を借りるという意味もあり★、知恵や力などの助けを受けるという意味もある。★★

급한 일이 있어 친구에게 10만원을 빌렸다.(꾸다O)
急な事情があって友達に10万ウォンを借りた。

그에게 돈을 꾸는 일만큼은 피하고 싶다.(빌리다O)
彼にお金を借りるということだけは避けたい。

1년 전에 책을 빌렸는데 아직도 돌려주지 않았다.(꾸다×)
一年前に本を借りたのにまだ返していない。

이 근처에서 사원연수를 할 장소를 빌리려고 한다.(꾸다×)★
この近くで社員研修をする場所を借りようと思う。

법률전문가의 힘을 빌릴 생각입니다.(꾸다×)★★
法律の専門家の力を借りようと思います。

53 抜く

① 빼다　② 뽑다

1は中に入っている物を取ることを指す言葉で、2は主に長い物を引き抜いたり、取り除いたりする場合に使うことが多い。また1★は中に満ちているものを外に出すという意味もある。

動詞

새끼손가락에 박힌 가시를 겨우 뺐습니다.(뽑다×)
小指に刺さったとげをやっと抜きました。

아이가 먹을 거니까 고춧가루를 빼주세요.(뽑다×)
子供が食べるから、唐辛子は抜いてください。

아버지는 흰 머리카락이 눈에 띄면 뽑는다.(빼다×)
お父さんは白髪が目に付くと抜く。

단단히 박혀 있는 못을 뽑느라 고생했습니다.(빼다×)
かたくめりこんでいる釘を抜くのに苦労しました。

욕조의 물을 빼두었습니다.(뽑다×)★
風呂の水を抜いておきました。

謝る

① 사과하다　② 빌다

1は過ちを認めた上でおわびすることを指す言葉で、2は自分の犯した過ちに対して1よりも切実に謝罪し、許しを請うというニュアンスが強く、主に目上の人に対して使う言葉である。

그는 정말 미안하게 됐다고 사과했습니다.(빌다○)
彼は本当にすまないと謝りました。

싸운 친구에게 사과하니 마음이 가벼워졌다.(빌다✕)
喧嘩をしていた友達に謝ったら気が軽くなった。

아들은 다시는 나쁜 짓을 안 하겠다고 빌었습니다.(사과하다✕)
息子はもう悪いことはしないと謝りました。

잘못을 깨우친 그녀는 울면서 빌었습니다.(사과하다✕)
自分の過ちに気づいた彼女は泣きながら謝りました。

腐る

① 상하다 ② 썩다

1は食べ物などが傷むことを指す言葉で、2は元々の形や品質が完全に変わって腐敗することを指す言葉である。また2には★物が変質したり精神が堕落するという意味もある。

動詞

상한 생선에서 고약한 악취가 납니다.(썩다○)
腐った魚からひどい悪臭がします。

베란다에 놓아둔 고기가 썩었습니다.(상하다○)
ベランダに置いておいた肉が腐りました。

상한 부분을 도려내고 사과를 먹었습니다.(썩다※)
りんごの腐ったところを切りとって食べました。

이 생선은 썩어서 원래 형태를 알 수 없을 정도다.(상하다×)
この魚は腐っていて元の形がわからないぐらいだ。

저 사람은 정신상태가 썩어 있다.(상하다×)★
あの人は性根が腐っている。

できる

① 생기다　② 나다

1、2とも今までなかった物事が新しく生じたり作られたりすることを指す言葉であるが、2は1に比べて自然に現れるというニュアンスが強い言葉である。また2には作物などが作られるという意味もある。

얼굴에 여드름이 생겨서 신경이 쓰입니다.(나다○)
顔ににきびができて、気になります。

커피를 쏟아 옷에 얼룩이 생겼다.(나다×)
コーヒーをこぼして服に染みができた。

역 앞에 편의점이 생겨서 편리해졌습니다.(나다×)
駅前にコンビニができて便利になりました。

갑자기 볼일이 생겨 가야만 합니다.(나다×)
急に用事ができて、行かなければなりません。

집 마당에서 난 토마토는 맛있었다.(생기다×)★
家の庭でできたトマトはおいしかった。

57 混ぜる

① 섞다 　② 타다

1は二つ以上の物を一緒に合わせることを指す言葉で、2は液体に粉など少量のものを加える場合にだけ使う言葉である。また1にはかき混ぜるという意味もある。

動詞

두유에 분유를 <u>섞어</u> 아이에게 주었습니다.(타다○)
豆乳に粉ミルクを混ぜて赤ちゃんにあげました。

모래에 시멘트를 <u>섞어</u> 작업을 계속했습니다.(타다×)
砂にセメントを混ぜて作業を続けました。

빨강과 파랑을 <u>섞으면</u> 보라색이 됩니다.(타다×)
赤と青を混ぜると紫色になります。

물에 꿀을 <u>타서</u> 마시는 것을 좋아합니다.(섞다※)
水に蜂蜜を混ぜて飲むのが好きです。

달걀을 잘 <u>섞어</u> 거품을 내 주세요.(타다×)★
卵をよく混ぜて泡立ててください。

58 撫でる

① 쓰다듬다 ② 어루만지다

1は手のひらで軽くさすることを指し、主に一方の方向に撫でる場合に使う言葉で、2は心や愛情を込めてさするというニュアンスがあり、頭に対しては使うことなく、「撫で下ろす」のような一度きりの動作にも使わない。また2には物や風などが軽く触れるという意味もある。

사나운 개도 등을 살살 쓰다듬어 주면 얌전해진다.(어루만지다○)
荒っぽい犬も背中をよしよしと撫でてあげれば大人しくなる。

오래간만에 만난 할머니가 내 뺨을 어루만지셨다.(쓰다듬다○)
久しぶりに会った祖母が私の頬を撫でた。

아버지는 잘 했다며 머리를 쓰다듬어 주셨다.(어루만지다×)
父はよくやったと頭を撫でてくれました。

할아버지는 자신의 수염을 쓰다듬으며 끄덕이고 계신다.(어루만지다×)
おじいさんは自分の髭を撫でながらうなずいている。

산들바람이 기분 좋게 뺨을 어루만지고 있다.(쓰다듬다×)
そよ風が気持ちよく頬を撫でている。

動詞

洗う

① 씻다　② 빨다

1は体や物を水などを使ってきれいにすることを指す言葉で、2は「洗濯する」という意味で、服や布巾、雑巾などの汚れを落とす場合に使い、体の場合には使わない。

動詞

깨끗하게 손을 씻고 밥을 먹어라.(빨다×)
きれいに手を洗ってご飯を食べなさい。

방금 전에 딴 딸기를 씻어서 먹었습니다.(빨다×)
さっき摘んだばかりのいちごを洗って食べました。

식기를 깨끗이 씻고 나서 잠시 쉬었습니다.(빨다×)
食器をきれいに洗ってから一休みしました。

이불을 빨고 나니 허리가 아픕니다.(씻다×)
布団を洗ったので腰が痛いです。

60 大切にする

① 아끼다 ② 위하다

1は人や動物にも使うが、主に物や時間などを惜しんで大切に使うというニュアンスが強く、2は他の人を尊重するという意味があり、また目上の人を尊敬して大切にする場合にも使う。

그는 강아지를 자기 자식처럼 아낍니다. (위하다O)
彼は子犬を自分の息子のように大切にしています。

분명 딸을 위해줄 것이라고 생각했습니다. (아끼다O)
きっと娘を大切にしてくれると思いました。

그는 가족을 위하는 성실한 사람입니다. (아끼다O)
彼は家族を大切にするまじめな人です。

남동생은 부모님을 위하는 마음이 큽니다. (아끼다×)
弟は人一倍親を大切にする子です。

그는 시간을 아끼며 생활하고 있다. (위하다×)
彼は時間を大切にしながら生活している。

물부족이니 물을 아끼도록 합시다. (위하다×)
水不足なので水を大切にしましょう。

動詞

61 破る

① 어기다 ② 깨다

1は守るべききまりや約束などを無視したり背いたりすること を指す言葉で、2は途中でだめにしたり、壊したりするという ニュアンスが強い言葉である。規則や約束などには両方使える が、法律を破る場合には1しか使わない。また2には記録など を更新するという意味もある。

動詞

모처럼 그와 한 약속을 어기고 말았습니다.(깨다○)
彼と交わしたせっかくの約束を破ってしまいました。

그가 스스로 규칙을 깨리라고는 생각지도 못했습니다.(어기다○)
彼が自ら規則を破るとは考えもしませんでした。

아버지는 한 번도 법을 어긴 적이 없다고 합니다.(깨다×)
父は一度も法を破ったことがないそうです。

총성에 의해 정적이 깨졌습니다.(어기다×)
銃声によって静けさが破られました。

저 선수는 올림픽에서 세계기록을 깼다.(어기다×)★
あの選手はオリンピックで世界記録を破った。

のぞき見する

① 엿보다　② 훔쳐보다

1は狭い隙間から行動や状況などをこっそりとのぞいて見ることを指す言葉で、2は言葉どおり見てはいけないことを盗み見るというネガティブなニュアンスがさらに強く、主に人の私生活に対して使う言葉である。また1は人の気持ちなどを察しようとする場合にも使われる。

문틈 사이로 방 안을 몰래 **엿보았습니다**.(훔쳐보다○)
ドアの隙間から部屋の中をこっそりのぞき見しました。

창문을 열고 남의 사무실을 **훔쳐보았습니다**.(엿보다○)
窓を開けて他人の事務室をのぞき見しました。

여자 방을 **훔쳐보다** 들키고 말았다.(엿보다×)
女性の部屋をのぞき見していたところ、ばれてしまった。

살짝 **엿보고** 싶은 그의 마음.(훔쳐보다×)★
ちょっとのぞき見したい彼の心。

運ぶ

① 옮기다　② 나르다

1は人や物を他の場所へ移すことに重きを置いた言葉であるのに対し、2は運ぶという行為自体に着目した言葉で、運搬したりする場合にもよく使われる。また2は物にだけ使う言葉である。

動詞

이삿짐을 옮기느라 고생했습니다.(나르다○)
引越しの荷物を運ぶのに苦労しました。

이 테이블을 옥상으로 날라 주세요.(옮기다○)
このテーブルを屋上に運んでください。

구급차가 와서 환자를 병원으로 옮겼습니다.(나르다×)
救急車が来て患者を病院に運びました。

피로연 때 음식을 나르는 사람이 부족했다.(옮기다×)
披露宴のとき、料理を運ぶ人が足りなかった。

예전에 말은 짐을 나르는 데 유용한 동물이었다.(옮기다※)
昔、馬は荷物を運ぶのに有用な動物だった。

叫ぶ

① 외치다　② 부르짖다

1は人の注目を引くために大声を出すことを指す言葉で、2は1に比べて激しい感情を抑えきれず大声をあげるというニュアンスが強く、置かれた状況などが切迫している場合によく使う言葉である。また1、2とも自分の意見を強く主張するという意味もある。

"불이야"하고 큰 소리로 외쳤지만 아무도 와주지 않았다.(부르짖다O)
「火事だ」と大声で叫んだけれど、誰も来てくれなかった。

물에 빠진 사람이 "사람 살려!"라고 부르짖었습니다.(외치다O)
溺れた人が「助けて！」と叫びました。

정상에 다다른 사람들은 "야호"라고 외쳤다.(부르짖다×)
頂上に着いた人々は「やっほー」と叫んだ。

어머니는 죽은 아들의 이름을 부르짖으며 기절했다.(외치다※)
母親は死んだ息子の名前を叫びながら気絶してしまった。

사원들은 자신의 권리를 찾겠다고 외치고 있다.(부르짖다O)★
社員たちは自分の権利を求めて叫んでいる。

慰める

① 위로하다 **②** 달래다

1は人を温かい言葉や行動でいたわることを指す意味で、2は怒りや悲しみで高ぶった感情をなだめて落ち着かせるというニュアンスが強く、主に目下の人に対して使う言葉である。

따뜻한 말 한마디가 슬픔을 위로해 주었다.(달래다O)
温かい一言が悲しみを慰めてくれた。

실직하여 의기소침해 있는 남편을 달래 주었다.(위로하다O)
失業して落ち込んでいる夫を慰めてあげた。

시험에 떨어진 친구를 진심으로 위로하였다.(달래다×)
試験に落ちた友達を心から慰めた。

선생님은 우는 학생을 달래고 계십니다.(위로하다×)
先生は泣いている学生を慰めています。

妊娠する

① 임신하다 ② 배다

1、2とも女性が身ごもることを指す言葉であるが、2は必ず子や子供という言葉の後に付けて使い、「子をはらむ」「子を宿す」といった感覚に近い言葉で、動物の場合にも使う言葉である。

아내가 아이를 임신했을 때 잘해주어야 한다.(배다○)
妻が子供を妊娠したときは、しっかり支えてあげなければならない。

아이를 밴 임산부에게 자리를 양보하였습니다.(임신하다○)
(子供を妊娠した)妊婦に席を譲りました。

임신했을 때는 절대적인 안정이 필요하다.(배다×)
妊娠したときは絶対の安定が必要だ。

언니는 임신하고 나서 15킬로그램이나 살쪘습니다.(배다×)
姉は妊娠してから15キロも太りました。

새끼를 배고 있는 동물을 함부로 죽이면 안 된다.(임신하다×)
(赤ちゃんを)妊娠している動物をむやみに殺してはいけない。

自慢する

① 자랑하다 ② 뽐내다

1は自ら褒めて他人に誇ることを指し、他人に誉められたいという気持ちが含まれている言葉で、2は1に比べて実際に言葉に表さないでうぬぼれたり偉ぶったり、誇ったりする態度を表し、主に才能や外見などの場合に使う言葉である。

친구는 자기 아버지가 의사라고 자랑합니다.(뽐내다○)
友達は自分のお父さんが医者だと自慢しています。

노래방에서 노래 실력을 뽐내다가 목이 쉬었다.(자랑하다○)
カラオケで歌の実力を自慢したあげく、声がかれた。

옆집 아주머니는 늘 자기 자식을 자랑합니다.(뽐내다×)
隣のおばさんはいつも自分の子供のことを自慢します。

그녀는 항상 젊었을 때의 일만을 자랑한다.(뽐내다×)
彼女はいつも若いころのことばかり自慢している。

미인대회에 나가 아름다움을 뽐내고 싶다.(자랑하다×)
ミスコンテストに出て美しさを自慢したい。

68 切る

① 자르다 ② 깎다 ③ 끊다

1はつながっている物を離すことを指す言葉で、2は長さを短くする場合に使う言葉で、3は糸や紐など細長い物を一気に切ることを指す言葉である。また3は電話を切ったり、続いている物事や人との関係を断つという場合にも使う。

오랫동안 기른 머리를 짧게 잘랐다.(깎다O, 끊다×)
長い間伸ばしてきた髪の毛を短く切った。

손톱깎이가 없어 손톱을 못 깎고 있다.(자르다O, 끊다×)
爪切りがなくて爪を切れずにいる。

실을 끊어 바늘에 꿰었습니다.(자르다O, 깎다×)
糸を切って針に通しました。

전화를 끊기 전에 그녀에게 고백을 했다.(자르다×, 깎다×)★
電話を切る前に彼女に告白をした。

부모자식의 인연은 끊으려야 끊을 수 없는 법이다.(자르다×, 깎다×)★★
親子の縁は切っても切れないものだ。

動詞

 # 書く

① 적다　② 쓰다

1は文字や数字などを記すことを指し、メモに覚え書きをする場合にもよく使われる言葉で、2は1に比べて意思や内容を込めて文章を書くというニュアンスが強く、詩や小説などを著述する場合にも使う言葉である。また2には願書や契約書など定まった様式の文章を書くという意味もある。

動詞

그녀는 메모지에 전화번호를 적어 내게 주었다.(쓰다O)
彼女はメモ用紙に電話番号を書いて私にくれた。

논술형 답안지에 답을 쓰고 있습니다.(적다O)
記述式の解答用紙に答えを書いています。

그는 요즘 신문에 연재소설을 쓰고 있습니다.(적다×)
彼は最近、新聞に連載小説を書いています。

논문을 쓰느라고 밤을 세우고 있어요.(적다×)
論文を書くために徹夜をしています。

계약서를 쓸 때는 내용을 잘 읽읍시다.(적다×)★
契約書を書くときには内容をよく読みましょう。

過ごす

① 지내다 ② 보내다

1はある場所で暮らしたり何かをしたりしながら時間を費やすことを指す言葉で、2は「時間や歳月を送る」というように、「〜を」とともに使うことが多い。

퇴직한 후 집에서 한가롭게 지내고 있습니다.(보내다×)
退職後、家でのんびりと過ごしています。

요즘 어떻게 지내고 계십니까?(보내다×)
最近いかがお過ごしですか。

오래간만에 동창을 만나 즐거운 시간을 보냈습니다.(지내다×)
久しぶりに同級生に会い、楽しい時間を過ごしました。

가족과 함께 별장에서 한가로운 주말을 보냈습니다.(지내다×)
家族とともに別荘でのんびりした週末を過ごしました。

動詞

建てる

① 짓다　② 세우다

1は材料を用いて家や建物などをつくるという行為に着目した言葉で、2は1に比べてある特別な目的を持って建物をつくるというニュアンスがあり、建てる結果に重点を置いた表現で、主に国や都市、ビルなど公的な建造物の場合に使う言葉である。個人の家を建てる場合には2を使わない。

고향에 사시는 부모님을 위해 집을 새로 지었습니다.(세우다×)
田舎に住む両親のために新しく家を建てました。

이 아파트는 신기술을 사용해서 지어졌다.(세우다×)
このマンションは新技術を用いて建てられた。

공원 한가운데에 동상을 세웠습니다.(짓다×)
公園の真ん中に銅像が建てられました。

시장은 노인복지시설을 세우기로 약속했다.(짓다※)
市長は老人福祉施設を建てることを約束した。

72 探す

① 찾다　② 구하다

1は欲しいものを見つけ出すために歩きまわったり、人に聞いたりすることを指す言葉で、2は必要な何かを得るために苦労して探し求めるというニュアンスが強く、単に場所などを探すのではなく、手に入れるために探す場合によく使う言葉である。

회사에서는 우수한 인재를 찾고 있다.(구하다○)
会社では優秀な人材を探している。

역에서 가깝고 집세가 싼 집을 구하고 있습니다.(찾다○)
駅から近くて家賃の安い家を探しています。

약국을 찾고 있습니다만, 어디에 있습니까?(구하다×)
薬屋を探しているんですが、どこにありますか。

사람들은 바다 밑에 묻혀 있는 보물을 찾고 있다.(구하다×)
人々は海底に埋まっている宝物を探している。

動詞

73 叩く

① 치다　② 두드리다

1、2とも人や物を何度も打つことを指す言葉であるが、2は1より軽く打って音を出すというニュアンスが強い言葉である。また1には強くなぐるという意味もあり、2には雨や風などがさかんに当たるという意味もある。

누군가 내 어깨를 툭툭 쳐서 뒤를 돌아보았다.(두드리다O)
誰かに肩をとんとんと叩かれて後ろを振り返った。

멀리서 북을 두드리는 소리가 들려왔습니다.(치다O)
遠くから太鼓を叩く音が聞こえてきました。

초인종이 고장이 나서 대문을 두드렸습니다.(치다×)
呼び鈴が故障していたので門を叩きました。

선생님은 막대기로 학생들 엉덩이를 치셨다.(두드리다×)★
先生は棒で生徒の尻を叩いた。

한밤중에 창문을 두드리는 빗소리에 잠을 깼습니다.(치다×)★★
真夜中に窓を叩く雨の音で目が覚めました。

塗る

① 칠하다 ② 바르다

1、2とも物の表面に塗料などをこするようにしてつけることを指す言葉であるが、1は絵の具や色鉛筆などの場合に主に使う言葉で、2は1よりも丁寧に塗るというニュアンスがあり、また壁土で壁などをつくりあげる場合にも使う言葉である。また2には薬やジャム、口紅などの化粧品をつけるという意味もある。

페인트를 칠하기 전에 사포로 표면을 문질러야 한다.(바르다○)
ペンキを塗る前にやすりで表面をこすらなくてはならない。

마지막으로 유약을 발라 주세요.(칠하다○)
最後に漆を塗ってください。

아이는 도화지에 색깔이 다른 물감을 겹겹이 칠하고 있다.(바르다✕)
子供は画用紙に色の違う絵の具を幾重にも塗っている。

이 방은 벽토를 이용하여 벽을 발랐습니다.(칠하다✕)
この部屋は壁土を使って壁を塗りました。

식빵에 버터와 잼을 발라서 먹었습니다.(칠하다✕)★
パンにバターとジャムを塗って食べました。

動詞

つける

① 켜다　② 틀다

1、2とも電子製品にスイッチなどを入れて作動させることを指す言葉で、2は特にテレビやラジオ、エアコンなどに使う言葉である。また1には火をつけるという意味もある。

動詞

TV를 **켠** 채로 잠들어 버렸습니다.(틀다O)
テレビをつけたまま寝てしまいました。

더운 여름에는 에어컨을 **틉니다**.(켜다O)
暑い夏にはエアコンをつけます。

주위가 깜깜해서 손전등을 **켰습니다**.(틀다×)
まわりが真っ暗なので、懐中電灯をつけました。

정전이니 성냥을 그어 불을 **켭시다**.(틀다×)★
停電だから、マッチを擦って火をつけましょう。

敷く

① 펴다　② 깔다

1、2とも一面に平らに広げたり、並べたりすることを指す言葉で、2は固い物を敷いたり、物を載せるために下に何かを当てる場合にも使う言葉である。また1には隅々まで行き渡らせるという意味があり、2には設置するという意味もある。

마당에 돗자리를 펴두었습니다.(깔다○)
庭にござを敷いておきました。

어머니가 방에 이불을 깔아 주셨습니다.(펴다○)
母は部屋に布団を敷いてくれました。

여기에 얇은 판자를 깔아 주세요.(펴다×)
ここに薄い板を敷いてください。

종이 밑에 책받침을 깔고 썼습니다.(펴다×)
紙の下に下敷を敷いて書きました。

뜨거운 냄비를 놓을 때는 밑에 뭔가 깔아 주세요.(펴다×)
熱い鍋を置くときは下に何か敷いてください。

쿠데타가 일어나 정부는 계엄령을 폈습니다.(깔다×)★
クーデターが起こり、政府は戒厳令を敷きました。

지금 철도를 까는 작업을 하고 있는 중입니다.(펴다×)★★
今鉄道を敷く作業をしているところです。

動詞

曲がる

① 휘다　② 굽다

1はまっすぐな物の形がゆがんだり、反ったりすることを指す言葉で、2は曲がった後に以前の状態に戻りにくい場合に主に使う言葉である。また2には道の方向が変わるという意味もある。

이 젓가락은 조금만 힘을 줘도 쉽게 휜다.(굽다O)
この箸は少し力を入れても簡単に曲がる。

젊었을 때부터 고생을 하신 할머니는 허리가 굽었습니다.(휘다O)
若い頃から苦労した祖母は腰が曲がっています。

자가 휘어서 쓸모가 없어졌다.(굽다×)
物差しが曲がって使えなくなった。

굽은 길을 돌아서 시내로 걸어갔습니다.(휘다×)★
曲がった道を回って市内へと歩いていきました。

こぼす

① 흘리다 ② 엎지르다

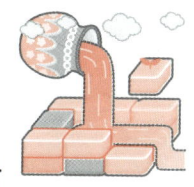

1、2ともうっかりして液体や粉末を容器などから外へこぼすことを指す言葉であるが、少しだけこぼす場合には1を使う。2は容器の中身を一気に出すというニュアンスが強く、液体の場合によく使う言葉である。また1は体から涙や汗などの液体を出す場合も使う言葉である。

물을 흘리지 않도록 조심해라.(엎지르다O)
水をこぼさないように注意しなさい。

옷에 커피를 엎지르고 말았습니다.(흘리다O)
服にコーヒーをこぼしてしまいました。

차를 내갈 때 쟁반에 조금 흘리고 말았다.(엎지르다×)
お茶を運ぶときに、お盆に少しこぼしてしまった。

빵 부스러기를 흘리지 않도록 주의해라.(엎지르다×)
パンくずをこぼさないように注意しなさい。

실수로 주스를 바닥에 엎지르고 말았다.(흘리다×)
あやまってジュースを床にこぼしてしまった。

눈물을 흘리면서 고개를 끄덕였습니다.(엎지르다×)★
涙をこぼしながらうなずきました。

動詞

03 形容詞

強い

① 강하다　② 세다

1、2とも力が強いことを指すが、1は物事の程度や精神力など抽象的なものの程度を表す場合によく使う言葉である一方、2は物理的な力強さが強調される言葉である。

形容詞

비바람이 강해서 길을 걷기도 힘들었다.(세다○)
風雨が強く、道を歩くのも大変だった。

그녀는 갑자기 책상을 세게 내리쳤습니다.(강하다○)
いきなり彼女は机を強く叩きました。

너무 강한 향수는 뿌리지 않는 편이 좋겠지요.(세다×)
匂いの強すぎる香水はつけない方がいいでしょう。

학교에 대해 강한 신뢰를 갖고 있다.(세다×)
学校に対して強い信頼を持っている。

저 아이는 성실하고 책임감이 강하다는 얘기를 듣습니다.(세다×)
あの子は誠実で責任感が強いと言われています。

강한 햇볕 때문에 꺼칠꺼칠한 피부가 되었습니다.(세다×)
強い日差しのせいでかさかさした肌になりました。

더 세게 당기자! 조금밖에 남지 않았어.(강하다×)
もっと強く引こう！あと少しだ。

気まずい

① 거북하다 ② 서먹하다

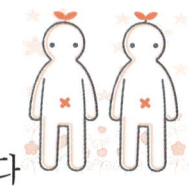

1は人間関係や雰囲気が楽ではなく気まずかったりばつが悪かったりするさまを表す言葉で、2は主に初対面のときや久しぶりに会ってぎこちない様子を表す場合に使う言葉で、ある出来事がきっかけで関係が気まずくなる場合にも使う。

낯선 사람과 한 방에 같이 있기가 거북하다.(서먹하다○)
知らない人と一つの部屋にいるのは気まずい。

내가 쓸데없는 이야기를 해서 분위기가 거북해졌다.(서먹하다※)
私が余計なことを言ってしまい、気まずい雰囲気になった。

교수님과 식사를 하는 동안 내내 거북했다.(서먹하다×)
教授と食事をする間ずっと気まずかった。

10년 만에 친구를 만났더니 왠지 서먹했다.(거북하다×)
10年ぶりに友達に会ったらなんとなく気まずかった。

形容詞

香ばしい

1. 고소하다 2. 구수하다

1はごまやごま油のような香りがすることを表す言葉で、2はチゲなどのように味覚をそそるにおいを指し、緑茶や麦茶の香りにも使う言葉である。

어디서 깨를 볶는지 고소한 냄새가 난다.(구수하다※)
どこかでごまを煎っているのか香ばしいにおいがする。

어머니가 끓여주시는 구수한 찌개를 먹고 싶다.(고소하다×)
お母さんが作ってくれる香ばしいチゲが食べたい。

금방 끓인 보리차의 향기가 구수합니다.(고소하다×)
入れたての麦茶の香りが香ばしいです。

苦しい

① 괴롭다 　② 고통스럽다

1は心や体がつらかったり悩ましかったりすることを表す言葉で、2は1に比べて耐え切れないほどの苦痛やつらさを感じる場合に使うことが多く、また、肉体的な苦痛の場合によく使う言葉である。

목이 아파 말조차 하기 괴로웠습니다.(고통스럽다O)
のどが痛くて言葉を発するのさえ苦しかったです。

그는 먹는 것조차도 고통스러운 듯했다.(괴롭다O)
彼は食べるのさえも苦しそうだった。

거짓말을 하려니 마음이 괴로워졌다.(고통스럽다×)
嘘をつこうとしたら心が苦しくなった。

그의 병은 암보다도 더 고통스러운 것 같다.(괴롭다×)
彼の病気は癌よりもっと苦しいようです。

고통스러운 표정을 감추지 못하는 그를 보니 눈물이 나왔다.(괴롭다※)
苦しい表情を隠せない彼を見たら涙が出てきた。

形容詞

きれいだ

① 깨끗하다 ② 말끔하다

1は乱れたところがなく整然としていることを表す言葉で、2は1に比べて塵一つないというニュアンスのある言葉である。また1には汚れや濁りがなく、清らかだという意味もある。ちなみに「きれいな花」「きれいな女の人」には「예쁘다」を使う。

形容詞

짬이 나서 책상 위를 깨끗하게 정리했다.(말끔하다○)
暇ができて机の上をきれいに片付けた。

친구들이 놀러 오기 전에 집안을 말끔하게 청소했다.(깨끗하다○)
友達が遊びに来る前に家の中をきれいに掃除した。

깨끗한 치열은 아름다운 미소의 중요한 요소이다.(말끔하다×)
きれいな歯並びは、美しい笑顔の重要な要素だ。

시냇물이 깨끗해서 물고기들이 보일 정도다.(말끔하다×)★
小川の水がきれいで魚が見えるくらいだ。

清い

1. 깨끗하다 2. 맑다

1は汚れやけがれがなく美しいことを表し、物事の判断に濁りがない場合にも使う言葉で、2は濁りがなく澄んでいる場合に使う言葉である。

깨끗한 물을 되찾은 강에 물고기가 정착하게 되었다.(맑다O)
清い流れを取り戻した川に魚が住み着くようになった。

그는 누구보다도 마음이 맑은 사람입니다.(깨끗하다O)
彼は誰よりも心の清い人です。

여러분, 깨끗한 한 표를 부탁합니다.(맑다×)
皆さん、清き一票をお願いします。

소녀의 맑은 눈동자에 마음을 빼앗겼습니다.(깨끗하다×)
少女の清い瞳に心を奪われました。

가을 하늘은 맑게 개어 있습니다.(깨끗하다×)
秋の空は清く澄み渡っています。

形容詞

鋭い

① 날카롭다 ② 예리하다

1、2とも感覚や頭脳の働きなどがすぐれていて、人の心や感覚に突きささるような勢いがあるさまを表す言葉であり、1には神経質であったり性質が劣っているというマイナスのニュアンスもある。また1、2とも刃物の先がとがっているという意味もある。

그는 상황을 판단하는 능력이 무척 날카롭다.(예리하다O)
彼は状況を判断する能力が非常に鋭い。

예리한 비판을 받아 대답을 못하고 있다.(날카롭다O)
鋭い批判を受けて答えに詰まっている。

눈빛이 날카로운 학생을 금세 발견할 수 있었다.(예리하다×)
目つきの鋭い学生をすぐに見つけることができた。

감각이 예리한 사람이라면 범인을 알 수 있을 겁니다.(날카롭다×)
勘が鋭い人なら犯人がわかるはずです。

그는 예리한 두뇌의 소유자이다(날카롭다※)
彼は鋭い頭脳の持ち主だ。

날카로운 면도날에 베이고 말았습니다.(예리하다O)★
鋭い剃刀の刃で切ってしまいました。

かたい

① 단단하다 ② 딱딱하다

1は物の性質が強くしっかりしていることを表す言葉で丈夫という意味もある。2はかたさの強度が高いというニュアンスのある言葉である。また2には文章や表情がかたいという意味もある。

얼음이 **단단하게** 얼어서 좀처럼 깨지지 않는다.(딱딱하다○)
氷がかたく凍っていてなかなか割れない。

동생의 튀어나온 알통이 제법 **딱딱하다**.(단단하다○)
弟の盛り上がった力こぶが結構かたい。

빵 봉지를 열어 두었더니 빵이 **딱딱해져** 버렸다.(단단하다×)
パンの袋を開けっぱなしにしていたらパンがかたくなってしまった。

스테이크가 **딱딱해서** 자르기 어렵습니다.(단단하다×)
ステーキがかたくて切りにくいです。

친구는 **딱딱한** 표정을 짓고 잠자코 있습니다.(단단하다×)★
友人は表情をかたくして黙ったままです。

形容詞

甘い

1 달다　**2** 달콤하다

1は砂糖や蜂蜜などの甘い味を表す言葉で、2は口当たりが穏やかでコクがあり、「甘くておいしい」というニュアンスが強い言葉である。また2は夢や言葉、生活の場合にも使う言葉である。

形容詞

한국인은 **단** 음식보다는 매운 음식을 좋아한다.(달콤하다○)
韓国人は甘い食べ物より辛い食べ物のほうが好きだ。

달콤한 사탕을 입에 넣고 있으면 기분이 좋아진다.(달다○)
甘い砂糖を口に入れていると気分が良くなる。

케이크가 너무 **달아서** 다 먹지 못하고 남겼다.(달콤하다×)
ケーキが甘過ぎて食べ切れずに残した。

이 와인은 **달콤하고** 향기가 풍부합니다.(달다×)
このワインは甘くて香り豊かです。

그의 **달콤한** 말에 속아넘어간 내가 부끄럽다.(달다×)★
彼の甘い言葉にだまされた私が恥ずかしい。

지난달에 결혼한 친구는 **달콤한** 신혼생활을 보내고 있다.(달다×)★
先月結婚した友達は甘い新婚生活を送っている。

当然だ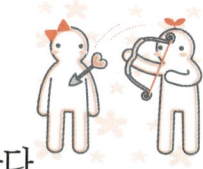

① 당연하다 ② 마땅하다

1は前後関係を見てそうなったり、そうしたりすることが当たり前であるということを表す言葉で、2はそうすることが道徳や道理にかなっていると正当性を主張する言葉である。

착한 일을 한 사람이 칭찬 받는 것은 당연하다.(마땅하다○)
いいことをした人が褒められるのは当然だ。

부자가 가난한 사람을 돕는 것은 마땅합니다.(당연하다○)
お金持ちが貧しい人を助けるのは当然です。

온종일 아무것도 안 먹으면 배가 고픈 것은 당연하다.(마땅하다×)
一日中何も食べなかったらお腹がすくのは当然だ。

1시간이나 기다렸으니 짜증나는 것도 당연하잖아요.(마땅하다×)
1時間も待ったのだから、苛立つのは当然でしょう。

회사를 배신했으니 비난받아 마땅합니다.(당연하다※)
会社を裏切ったのだから非難を浴びて当然です。

形容詞

すごい

① 대단하다 ② 굉장하다

1、2とも並の程度をはるかに超えて程度が甚だしいことを表す言葉で、1には優れているというニュアンスが含まれ、2はいいことに限らず、単に程度が甚だしい場合にも使う。

形容詞

저곳은 대단한 호평을 받는 가게입니다.(굉장하다O)
あそこはすごい評判の店ですよ。

그 문제를 풀다니 정말로 굉장한 실력이군요.(대단하다O)
その問題を解くなんて本当にすごい実力ですね。

대단한 사람이라고밖에 달리 할 말이 없네요.(굉장하다※)
すごい人であるとしかほかに言いようがないですね。

그는 몇 년 사이에 굉장한 돈을 벌었다고 한다.(대단하다×)
彼は数年の間にすごいお金を稼いだそうだ。

공장으로부터 나오는 폭음은 굉장했습니다.(대단하다×)
工場からの爆音はすごかったです。

굉장한 눈과 바람으로 비닐하우스가 갈기갈기 찢어졌다.(대단하다×)
すごい雪と風でビニールハウスがずたずたに破れてしまった。

汚い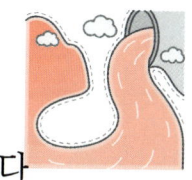

① 더럽다 ② 지저분하다

1、2とも物が汚れていて清潔ではないことを指す言葉であるが、2には物事が整頓されず散らかっていたり乱れているというニュアンスがある。

하천에 더러운 물이 흐르고 있었다.(지저분하다O)
河川に汚い水が流れていた。

광장은 사람들이 버린 쓰레기로 지저분했다.(더럽다O)
広場は人が捨てたゴミで汚かった。

담배로 더러워진 벽지를 바꾸고 싶습니다.(지저분하다×)
タバコで汚くなった壁紙を貼りかえたいんです。

아이가 장난감을 치우지 않아 방이 항상 지저분하다.(더럽다×)
子供がおもちゃを片付けないので、いつも部屋が汚い。

지저분한 글씨로 쓰여 있어 도저히 읽을 수 없다.(더럽다×)
汚い字で書いてあるので到底読めない。

形容詞

厚い

① 두껍다 ② 두텁다

1は物の幅に厚みがあることを表す言葉で、2は情や信念、信仰など目に見えない抽象的な物事の程度が大きいということを表す言葉である。また2は気体の場合にも使われる言葉である。

形容詞

두꺼운 책을 보기만 해도 잠이 온다.(두텁다×)
厚い本を見ただけでも眠くなる。

두꺼운 옷감으로 만들어진 옷은 싫습니다.(두텁다×)
厚い生地で作られた服は嫌です。

삼촌은 정이 **두터운** 분이라고 들었습니다.(두껍다×)
叔父は情が厚い人であると聞きました。

그 선수는 감독으로부터 **두터운** 신뢰를 받고 있습니다.(두껍다×)
その選手は監督から厚い信頼を受けています。

지구는 **두터운** 대기층으로 덮여 있습니다.(두껍다×)★
地球は厚い大気層に覆われています。

頼もしい

 듬직하다 ② 믿음직하다

1は頼りにできて心強いことを指す言葉で、2は信頼できるという意味合いが強い表現である。

그녀의 남자 친구는 말이 없고 믿음직하다.(듬직하다O)
彼女の彼氏は寡黙で頼もしい。

듬직한 아군이 생겨 든든합니다.(믿음직하다O)
頼もしい味方ができて心強いです。

듬직한 오빠는 부모님의 사랑을 받고 있다.(믿음직하다※)
頼もしい兄は両親に愛されている。

노력하는 사람이 성공하는 사회야말로 믿음직한 사회다.(듬직하다×)
努力している人が成功する社会こそ頼もしい社会だ。

形容詞

素敵だ

① 멋있다　**②** 멋지다

1、2とも人の姿や行為などが素晴らしいため、心を引き付けられるさまを表す言葉で、1は客観的に誰もが評価するようなことによく使い、外見について使われることが多い。一方、2は個人的に自分が見事だと思ったり、粋だと感じて心引かれる場合に使われることが多い。

形容詞

그는 참으로 멋있는 사람이다.(멋지다○)
彼は実に素敵な人だ。

여자 친구는 파티에 멋진 옷을 입고 왔습니다.(멋있다○)
彼女はパーティーに素敵な服を着て来ました。

그런 생각을 실천하시다니 참으로 멋지십니다.(멋있다×)
そのような考えを実践されるなんて本当に素敵です。

마음이 젊다는 건 멋진 일이지요.(멋있다×)
気が若いというのは素敵なことですよ。

이 영화는 평판이 나빴지만, 멋진 작품이라고 생각한다.(멋있다×)
この映画は評判が悪かったが、（私は）素敵な作品だと思う。

怖い

① 무섭다 ② 두렵다

1、2とも危害を加えられるのではないかと不安がったり、恐ろしく思うことを指すが、1は恐怖の対象が具体的で明らかな場合によく使う言葉で、2は1に比べて大変心配したり心理的に不安だというニュアンスが強い言葉である。

낫기 힘든 병에 걸렸지만 죽는 것은 무섭지 않았다.(두렵다O)
治りにくい病気にかかったが、死ぬのは怖くなかった。

귀신집 안에서 무서워서 비명을 질렀다.(두렵다×)
お化け屋敷の中で怖くて悲鳴をあげた。

그 할아버지는 언제 봐도 무섭습니다.(두렵다×)
そのおじいさんはいつ見ても怖いです。

습관이란 무서운 법이다.(두렵다×)
習慣とは怖いものだ。

실패하는 게 아닐까 하고 두려웠습니다.(무섭다×)
失敗してしまうんじゃないかと怖かったです。

形容詞

正しい

① 바르다 ② 올바르다

1は歪んだり曲がったりせず真っ直ぐであるというニュアンスの言葉で、物事のあるべき状態に合致していることを指し、2は行動などが規則や道徳などの規準に照らし合わせて乱れずにしっかりしているというニュアンスが強い言葉である。

形容詞

바른 단어를 사용해서 아름다운 한국어를 구사합시다.(올바르다○)
正しい単語を使って美しい韓国語を使いこなしましょう。

그는 기계를 올바르게 조작하는 프로 중에 프로다.(바르다○)
彼は機械を正しく操作するプロ中のプロだ。

그는 올바르게 살려고 무척 노력했습니다.(바르다○)
彼は正しく生きようと非常に努力しました。

책상을 바르게 놓아라.(올바르다×)
机を正しく置きなさい。

그 당시 당신의 행동은 올바랐습니다.(바르다×)
あのときのあなたの行動は正しかったです。

당신의 판단은 올바른 것 같습니다.(바르다×)
あなたの判断は、正しいと思います。

明るい

1 밝다　**2** 환하다

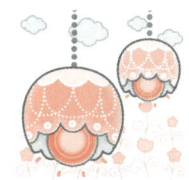

1、2とも光が当たって物がよく見える状態を指す言葉であり、1は人の性格や表情、雰囲気などが朗らかであるさまも表し、将来などに希望が持てる状態にも使う言葉である。2は物自体の色には使わず、光によって生まれる明るさだけに使う。また1、2とも物事によく通じているという意味もある。

조명이 너무 밝으면 눈이 금세 피로해집니다.(환하다○)
照明が明るすぎると目が疲れやすくなります。

거실에 햇빛이 잘 비쳐 무척 환합니다.(밝다○)
居間によく日が射してとても明るいです。

성격이 밝은 그녀와 있으면 즐거워집니다.(환하다×)
性格の明るい彼女といると楽しくなります。

그의 설명대로라면 전망이 밝은 것 같다.(환하다×)
彼の説明からすると見通しは明るいようだ。

밝은 색 스웨터는 없습니까?(환하다×)
明るい色のセーターはありませんか。

저 기자는 서울 지리에 밝습니다.(환하다○)★
あの記者はソウルの地理に明るいです。

形容詞

煩わしい

① 번거롭다 ② 성가시다

1は心を悩ますことが多かったり厄介なことや煩雑なことにうんざりする気持ちを表す言葉で、2は何かをするのが面倒だという意味合いが強い。また1には手続きなどが込み入っていて複雑だという意味もある。

이런 번거로운 일은 질색입니다.(성가시다○)
こういった煩わしい事は御免です。

날마다 외출하는 건 성가십니다.(번거롭다×)
毎日のように外出するのは煩わしいです。

피곤해서 밥 먹는 것조차 성가시다.(번거롭다×)
疲れていて、ご飯を食べるのさえ煩わしい。

생각 이상으로 번거로운 수속이 많았다.(성가시다×)★
思った以上に煩わしい手続きが多かった。

つまらない

① 보잘것없다 ② 하찮다

1、2とも見るに値しないほどつまらないことを表す言葉であるが、2はとるに足らない、大したものではなくくだらないというニュアンスがある言葉である。

보잘것없는 물건이지만 받아주시기 바랍니다.(하찮다○)
つまらない物ですが、受け取ってください。

하찮은 작품이지만 꼭 오셔서 관람해 주세요.(보잘것없다○)
つまらない作品ですが、ぜひいらしてご覧になってください。

그의 강연은 아주 보잘것없는 것이었습니다.(하찮다×)
彼の講演は全くつまらないものでした。

하찮은 일에 구애되지 마라.(보잘것없다×)
つまらないことにこだわるな。

하찮은 의견이라 여기지 마시고 좀 들어주세요.(보잘것없다×)
つまらない意見だと思わずにちょっと聞いてください。

形容詞

優しい

① 상냥하다　② 다정하다

1は気が利き、親切であり、なおかつ性格が気さくであることを表す言葉で、2は1に比べて情が深くて思いやりがあるというニュアンスが強い言葉である。

가게 점원은 언제나 상냥하게 손님을 맞았습니다.(다정하다○)
店員はいつも優しくお客を迎えました。

다정하게 미소 짓는 사람을 만나면 마음이 따뜻해집니다.(상냥하다○)
優しく微笑みかける人に会うと心が温まります。

제 이상형은 마음씨가 상냥한 여성입니다.(다정하다×)
私の理想のタイプは気立ての優しい女性です。

침울해 있는 사람을 다정하게 위로했습니다.(상냥하다×)
落ち込んでいる人を優しく慰めました。

さわやかだ

① 상쾌하다 ② 산뜻하다

1は気分や天気などがさっぱりしていることを表す言葉で、2は主に気分や見た目の感じなどがさっぱりしている場合に使う言葉である。

자연 속에서 **상쾌한** 기분을 만끽한다.(산뜻하다○)
自然の中でさわやかな気分を満喫する。

매우 **산뜻한** 기분이 들었습니다.(상쾌하다○)
とてもさわやかな気分になりました。

5월의 **상쾌한** 산들바람을 아주 좋아합니다.(산뜻하다×)
5月のさわやかなそよ風が大好きです。

집안의 벽지를 바꾸었더니 분위기가 **산뜻해졌다**.(상쾌하다×)
家の中の壁紙を変えたら雰囲気がさわやかになった。

저 화가는 **산뜻한** 색깔을 좋아하는 것 같다.(상쾌하다×)
あの画家はさわやかな色が好きなようだ。

形容詞

物悲しい

① 서글프다　② 구슬프다

1は人の感情が寂しくどうにも悲しいことを表す言葉で、2は1に比べてみすぼらしくかわいそうだというニュアンスがあり、主に動物の泣き声や笛の音などに使う言葉である。

이 노래의 **서글픈** 멜로디가 마음에 든다.(구슬프다○)
この歌の物悲しいメロディーが気に入った。

애수에 찬 **구슬픈** 표정을 짓고 있다.(서글프다○)
哀愁に満ちた物悲しい顔をしている。

가을은 어쩐지 **서글픈** 계절이네요.(구슬프다※)
秋はなんとなく物悲しい季節ですね。

귀뚜라미는 저녁 내내 **구슬픈** 소리로 울었다.(서글프다×)
こおろぎは夜中物悲しい声で鳴いていた。

まじめだ

① 성실하다 ② 착실하다

1、2ともいいかげんなところのないことを指す言葉であるが、1は誠実であったり、心がこもっているというニュアンスが強く、2は几帳面で地道なさまや、道を外れず、着実に物事を行うさまを表す言葉である。

그는 맡은 일은 해내는 성실한 사람이다.(착실하다○)
彼は引き受けたことはやり遂げるまじめな人だ。

착실하게 일한 결과 상사의 두터운 신뢰를 얻게 되었다.(성실하다○)
まじめに仕事をした結果、上司の厚い信頼を得るようになった。

나이와 성별을 불문하고, 성실한 사람을 구하고 있다.(착실하다※)
年齢性別を問わず、まじめな方を求めています。

그는 진심으로 가족을 아끼는 성실한 사람이다.(착실하다×)
彼は心から家族を大切にするまじめな人だ。

그는 월급을 받을 때마다 착실하게 저축했다.(성실하다※)
彼は給料をもらうたびにまじめに貯金した。

그는 숙제를 한 번도 잊은 적 없는 착실한 학생이다.(성실하다※)
彼は宿題を一度も忘れたことがないまじめな学生だ。

形容詞

簡単だ

1. 쉽다　2. 손쉽다

1は理解や習得などがたやすいことを広く表す言葉で、2はある物事を取り扱ったり処理するのにあまり手間がかからず、手軽だというニュアンスの言葉である。

形容詞

힘들었던 일이 친구의 도움으로 쉽게 해결됐다.(손쉽다○)
大変だったことが友達の助けで簡単に解決した。

만들기 가장 손쉬운 것이 라면이다.(쉽다○)
作るのに一番簡単なのはラーメンだ。

새로 입사한 직장은 일이 쉽고 단순하다.(손쉽다×)
新しく入社した職場は仕事が簡単で単純だ。

그야 쉽게 사랑에 빠지는 사람도 있죠.(손쉽다×)
そりゃ簡単に恋に落ちる人もいますよ。

엄마는 여러 집안일을 손쉽게 해치웠습니다.(쉽다×)
母はいろんな家事を簡単にやりこなしました。

토마토는 집에서도 손쉽게 키울 수 있다.(쉽다×)
トマトは家でも簡単に栽培することができる。

涼しい

① 시원하다 ② 서늘하다

1は心地よい程度に温度が低いことを表す言葉で、感じ方に重きを置いた表現である。一方、2は1よりも気温そのものに重点を置いた表現であり、やや肌寒いくらいの気温を指す。

서늘한 바람이 부는 가을이 오니 기분이 좋다.(시원하다○)
涼しい風の吹く秋が来たので気分がいい。

선풍기에서 시원한 바람이 불어옵니다.(서늘하다×)
扇風機から涼しい風が吹いてきます。

시원한 바람이 얼굴을 스치고 지나갔습니다.(서늘하다×)
涼しい風が顔に触れていきました。

개봉한 후에는 서늘한 곳에 놓아두시기 바랍니다.(시원하다×)
開封した後は涼しい所に置いておいてください。

形容詞

不思議だ

1 신기하다 **2** 불가사의하다

1は今まで経験したことがないため珍しく感じ、興味をそそられることを表す言葉で、2は1に加えて人間の理解や想像を超えるというニュアンスの強い言葉である。

形容詞

인간의 생명력은 참으로 신기하다고 생각합니다.(불가사의하다○)
人間の生命力は本当に不思議だと思います。

어떻게 피라미드를 만들었는지 불가사의하다.(신기하다○)
どうやってピラミッドを作ったのか不思議だ。

눈앞에서 펼쳐지는 마술은 언제나 신기하다.(불가사의하다×)
目の前で行われるマジックはいつも不思議だ。

세상에는 과학으로는 설명할 수 없는 불가사의한 현상이 많다.(신기하다×)
世の中には科学では説明できない不思議な現象が多い。

ひどい

1 심하다　**2** 호되다

1は程度が度を越していることを表し、幅広く使われる言葉で、2は厳しく手ひどいというニュアンスで、主に精神的なダメージを与えたり受けたりする場合に使う言葉である。

어젯밤 어머니에게 심하게 혼났습니다.(호되다○)
夕べ母にひどく怒られました。

사고를 당했을 때 다리에 심한 통증을 느꼈습니다.(호되다×)
事故にあったとき、足にひどい痛みを感じました。

오늘날에도 인종차별이 심한 나라가 있습니다.(호되다×)
今日にも人種差別のひどい国があります。

이제껏 경험한 적이 없는 호된 질책을 받았다.(심하다※)
これまで経験したことのないひどい叱責を受けた。

形容詞

惜しい

1 아쉽다　**2** 아깝다

1、2とももう少しのところで実現されずに終わってしまったことに対して心残りがあるさまを表す言葉であるが、1は実現できなかったり成し遂げられなかったりしたことを残念に思うというニュアンスがあり、2には大切な物事を奪われたり失ったりしたことに対する残念な気持ちが含まれている。また2には人や物事がもったいないという意味もある。

아쉽게도 결승전에서 패하고 말았습니다.(아깝다○)
惜しくも決勝戦で敗れてしまいました。

절호의 기회를 타인에게 양보하는 것은 너무나도 아깝다.(아쉽다○)
絶好の機会を人に譲るのはあまりにも惜しい。

헤어지기 아쉬운 듯 몇 번이나 손을 흔들었다.(아깝다×)
名残惜しそうに何度も手を振った。

영화계는 아까운 사람을 잃었습니다.(아쉽다×)
映画界は惜しい人を亡くしました。

아직 사용할 수 있는데 이대로 버리는 것은 아깝다.(아쉽다×)★
まだ使えるのにこのまま捨てるのは惜しい。

適当だ

1 알맞다　**2** 적당하다

1はある条件や要求などにかなっていてふさわしいことを表す言葉で、2は1の意味に加えて程度がほどよい場合にも使う言葉である。また2には★いいかげんだという意味もある。

이 온천은 가족들이 여행하기에 알맞은 곳이다.(적당하다○)
この温泉は家族が旅行するのに適当なところだ。

공장을 건설하는 데 적당한 토지를 찾고 있다.(알맞다○)
工場の建設に適当な土地を探している。

이 중에서 가장 알맞은 것을 골라 ○를 치시오(적당하다×)
この中から最も適当なものを一つ選び、○をつけなさい。

조미료를 적당히 첨가해 맛을 내면 완성이다.(알맞다×)
調味料を適当に加えて味を調えれば完成だ。

권유하는 전화를 적당히 응대하다 끊었습니다.(알맞다×)★
勧誘の電話を適当にあしらって切りました。

形容詞

弱い

1 약하다 **2** 나약하다

1は体が丈夫でなかったり、力や実力が劣っていることを表す言葉で、2はひ弱い体つきでいかにも弱々しいというニュアンスのある言葉である。また1には物事に耐える力が乏しいという意味もあり、2には意思や心が堅固でないという意味もある。

形容詞

아침 일찍 일어나고 싶지만 몸이 **약해서** 쉽지 않다.(나약하다O)
朝早く起きたいけど、体が弱くて簡単にはいかない。

담배를 끊지 못하는 것은 의지가 **나약하기** 때문이다.(약하다O)
タバコをやめられないのは意志が弱いからだ。

아이의 피부는 **약해서** 햇볕에 쉽게 탄다.(나약하다×)
子供の皮膚は弱くて日焼けしやすい。

여성이 기계에 **약한** 건 사실입니다.(나약하다×)
女性が機械に弱いのは事実です。

그녀는 창백한 얼굴에 **나약한** 몸매를 가지고 있다.(약하다×)
彼女は青白い顔に弱い体をしている。

薄い

1. 얇다
2. 엷다

1、2とも物の厚みがないことを指す言葉であるが、1のほうが幅広く使い、2は板や服の場合にだけ使う言葉である。また2には色や液体の濃度が低いという意味もある。

추운 겨울에는 얇은 옷을 겹쳐 입으면 따뜻합니다.(엷다○)
寒い冬には薄い服を重ねて着れば暖かいです。

여기에 엷은 판자를 깔아 주세요.(얇다○)
ここに薄い板を敷いてください。

양파를 얇게 썰어 볶아 주세요.(엷다※)
玉ねぎを薄く切って炒めてください。

이번 인쇄는 얇은 종이를 사용해 봅시다.(엷다×)
今度の印刷は薄い紙を使ってみましょう。

진한 홍차보다도 엷은 홍차를 더 좋아합니다.(얇다×)★
濃い紅茶よりも薄い紅茶のほうが好きです。

かすかだ

1 어렴풋하다　**2** 희미하다

1は物の形や音、記憶などがはっきりしないさまを表す言葉で、2は1の意味に加えて動作がかすかな場合にも使う言葉である。

어렴풋하지만 예전의 일들이 생각났습니다.(희미하다○)
かすかながら昔のことを思い出しました。

목소리가 작아 **희미하게** 들립니다.(어렴풋하다○)
声が小さくてかすかに聞こえます。

그는 아무 말 없이 **희미하게** 숨을 쉬고 있었다.(어렴풋하다×)
彼は何も言わずにかすかに息をしていた。

희미한 미소를 지으며 그는 얘기를 시작했습니다.(어렴풋하다※)
かすかな微笑みを浮かべながら彼は話し出しました。

難しい

1 어렵다　**2** 까다롭다

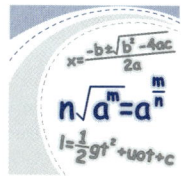

1は理解や習得などがしにくく、簡単には解決できないことを表し、幅広く使われる言葉で、2は条件などが厳しかったり煩わしくて扱いにくいというニュアンスが強い言葉である。

이 수학 문제는 아무도 풀지 못할 만큼 **어렵다**.(까다롭다○)
この数学の問題は誰も解けないほど難しい。

은행에서 융자를 받는 일은 **까다롭습니다**.(어렵다○)
銀行から融資を受けることは難しいです。

일본인에게 **어려운** 한국어 발음이 분명히 있습니다.(까다롭다×)
日本人にとって難しい韓国語の発音は確かにあります。

그 요구에 응하는 것은 **어렵습니다**.(까다롭다×)
その要求にこたえるのは難しいです。

아직도 **까다로운** 절차가 남아 있습니다.(어렵다※)
まだ難しい手続きが残っています。

かわいい

1 예쁘다 **2** 귀엽다

1、2とも愛らしいさまに心引かれる気持ちを表す言葉であるが、1はきれいだったり、素敵だったりする場合にも使われる言葉である。一方、2は特に小さくていかにもあどけなく愛らしかったり無邪気で人の心を引きつけるさまを表す言葉である。

形容詞

부모에게 있어 막둥이는 예쁜 법입니다.(귀엽다○)
親にとって末っ子はかわいいものです。

이곳에는 예쁜 잡화점이 많이 있군요.(귀엽다×)
ここにはかわいい雑貨屋がたくさんありますね。

그녀는 건방지지만, 귀여운 데가 있습니다.(예쁘다×)
彼女は生意気だが、かわいいところがあります。

통통하게 살이 찐 아기가 무척이나 귀여웠다.(예쁘다×)
ぽっちゃりと太った赤ちゃんがものすごくかわいかった。

주근깨가 있는 얼굴이 귀엽습니다.(예쁘다×)
そばかすのある顔がかわいいです。

きれいだ

1. 예쁘다　2. 곱다

1は人や動植物の外観、物の形や色などが美しいことを表す言葉で、2は主に人に対して使い、汚れがなく清潔であったり、美しいというニュアンスがあり、また肌や布地などが滑らかな場合にも使う言葉である。また1、2とも心がきれいだという意味もある。★

形容詞

정원에는 **예쁜** 꽃이 많이 피어 있습니다. (곱다○)
庭にはきれいな花がたくさん咲いています。

곱게 단장한 신부가 등장했습니다. (예쁘다○)
きれいに着飾った花嫁が登場しました。

아버지는 **예쁜** 인형을 선물로 사오셨다. (곱다×)
お父さんはきれいな人形をプレゼントに買ってきた。

분수도 있고 **예쁜** 공원이로군요. (곱다×)
噴水もあってきれいな公園ですね。

고운 피부를 유지하는 데 우유가 좋다고 합니다. (예쁘다×)
きれいな肌を保つのに牛乳がいいそうです。

그런 일을 하다니 두 사람 모두 마음이 **예쁘네요**. (곱다○)★
そんな事をするなんて二人とも心がきれいですね。

寂しい

① 외롭다 ② 쓸쓸하다

1は一人ぼっちになったり頼るところがなくて心細いさまを表す言葉で、2は1に比べておぼろげな寂しさを表し、「物寂しい」という感情に近い。また個人の感情ではなく、風景や光景にも使う言葉である。

形容詞

당신이 떠난 뒤 몹시 **외롭습니다**.(쓸쓸하다○)
あなたが去ってから、とても寂しいです。

오늘 아버지의 뒷모습이 **쓸쓸해** 보였습니다.(외롭다○)
今日、父の後ろ姿が寂しそうに見えました。

올 봄에 어머니가 돌아가셔서 **외롭습니다**.(쓸쓸하다×)
今年の春、母に死なれて寂しいです。

배웅하러 나온 그는 **쓸쓸한** 웃음을 짓고 있었다.(외롭다×)
見送りに出た彼は寂しそうに笑っていた。

사람이 살지 않는 빈집이 **쓸쓸해** 보입니다.(외롭다×)
人の住んでいない空き家が寂しそうに見えます。

저 작가의 작품에는 **쓸쓸한** 풍경이 많다.(외롭다×)★
あの画家の作品には寂しい風景が多い。

残念だ

① 유감스럽다 ② 섭섭하다

1は物足りなく感じ、不満な気持ちがあるさまを表す言葉で、客観的に見ても望ましくない状況にも使うことができる。一方、2は1に比べて個人的なことに関して心残りを感じるというニュアンスが強く、主に相手に物足りなさを感じるときに使う主観的な言葉である。

유감스럽지만 포기할 수밖에 없습니다.(섭섭하다○)
残念だが、あきらめるより仕方がありません。

이 사회의 현실이 매우 유감스럽다.(섭섭하다×)
この社会の現実がとても残念だ。

유감스럽지만 요청에 답변할 수 없습니다.(섭섭하다×)
残念ながらご要望には答えられません。

이번 수뇌회담은 유감스러운 결과로 끝났습니다.(섭섭하다×)
今回の首脳会談は残念な結果に終わりました。

하루도 묵지 않고 떠나다니 무척 섭섭하다.(유감스럽다×)
一泊もしないで出発するなんてとても残念だ。

怪しい

① 이상하다　② 수상하다

1は普通と違っていて疑わしかったり何かと理解しがたいさまを表す言葉で、2は1に比べて行動や状況が不審であるというニュアンスが強い言葉である。また2には男女の間に関係がありそうだという意味もある。★

形容詞

골목 입구에 **이상한** 사람이 서 있습니다.(수상하다○)
路地の入り口に怪しい人が立っています。

그녀에게는 말로 형용할 수 없는 **이상한** 매력이 있다.(수상하다×)
彼女には言葉で言い表せない怪しい魅力がある。

"하루에 50만엔 법니다" 라는 문구로 봐서 **수상하다**.(이상하다※)
「一日で50万円儲かります！」という文句からして怪しい。

수상한 사람을 보면 바로 경찰에 신고해야 한다.(이상하다※)
怪しい人を見たらすぐに警察へ届けなければならない。

저 두 사람 **수상한** 거 같지 않니?(이상하다×)★
あの二人、怪しいと思わない？

静かだ

1 조용하다 **2** 고요하다

1は耳障りな物音や声がしないさまを表し、一般的によく使われる言葉で、2は元々何の音もしないというニュアンスがあり、場所の場合によく使う言葉である。また1にはおとなしく口数が少ないという意味もあり★、2には目につく動きがないという意味もある★★。

방이 너무나 **조용하여** 쓸쓸하게 느껴진다.(고요하다O)
部屋が静かすぎて寂しく感じられる。

시끄러워, **조용히** 해라.(고요하다×)
うるさい、静かにしろ！

아무도 찾지 않는 깊은 숲은 **고요하다**.(조용하다※)
誰も訪れない奥深い森は静かだ。

온화하고 **조용한** 인품은 모든 사람에게 사랑 받는다.(고요하다×)★
穏やかで静かな人柄は誰からも好かれる。

고요한 강물을 보는 것만으로 마음이 편안해진다.(조용하다×)★★
静かな川の流れを見ているだけで心が休まる。

形容詞

狭い

① 좁다 **② 협소하다**

1は幅や面積などが小さいことを表し、一般的によく使われる言葉で、2は空間に余裕がなく狭苦しいというニュアンスのある言葉である。

이 방은 우리들이 살기에는 너무 **좁습니다**.(협소하다○)
この部屋は私たちが住むには狭すぎます。

가게는 몹시 **협소하고** 시끄러웠습니다.(좁다○)
店はとても狭くてうるさかったです。

여기서 만나다니 세상이란 참 **좁군요**.(협소하다×)
ここで会うなんて世の中って本当に狭いですね。

마음이 그렇게 **좁아서** 어떻게 하니?(협소하다×)
心がそんなに狭くてどうするの。

良い

1. 좋다　2. 낫다

1は人の行動や性質、物の状態などが望ましいということを広く表す言葉で、2はあるものに比べてよりよい場合に使う言葉である。また1には人の行動や物の状態が許容範囲内だという意味もある。

그것보다는 이 제품의 품질이 **좋습니다**.(낫다○)
そっちよりはこの製品の品質が良いです。

지금 직장은 전 직장보다 근무 환경이 훨씬 **낫다**.(좋다○)
今の職場は前の職場より労働環境がはるかに良い。

잠깐의 휴식은 건강에 **좋다**고 합니다.(낫다×)
ちょっとした休憩は健康に良いといいます。

전근하여 보다 **나은** 대우를 받게 되었습니다.(좋다※)
転勤してより良い待遇を受けられるようになりました。

출석이 어려우면 대리인이라도 **좋다**고 합니다.(낫다×)★
出席が難しいのなら代理人でも良いそうです。

形容詞

退屈だ

① 지루하다 ② 따분하다

1、2とも時間が長くかかったり同じ状態が長く続き、あきあきしたり嫌気がさしたりするさまを表す言葉であるが、2は特に物事にまったく興味が湧かなかったり味気なく感じるというニュアンスで使う言葉である。

形容詞

요즘은 시골에서 사는 것이 **지루하게** 느껴진다.(따분하다○)
最近は田舎に住むことが退屈に思える。

아무것도 하지 않는 겨울밤은 길고 **지루하다**.(따분하다×)
何もしない冬の夜は長くて退屈だ。

따분한 영화라면 도중에 나갈 생각입니다.(지루하다×)
退屈な映画だったら途中で出るつもりです。

그녀는 정말 **따분한** 사람이구나.(지루하다×)
彼女ってまったく退屈な人だな。

冷たい

1. 차다
2. 차갑다

1は温度が低いことを表す言葉で、2は1の意味に加えて実際の温度だけではなく、人の性格や行動が冷ややかで冷淡な場合にも使う言葉である。

덥다고 찬 음식을 많이 먹었더니 설사를 했다.(차갑다O)
暑いといって冷たい物を食べ過ぎたところ下痢をした。

밖에는 차가운 바람이 불고 있습니다.(차다O)
外は冷たい風が吹いています。

그녀는 차가운 얼굴로 헤어지자고 말했다.(차다×)
彼女は冷たい顔で別れようと言った。

나한테 그렇게 차갑게 대하지 말아 주세요.(차다×)
私にそんなに冷たくしないでください。

形容詞

落ち着いている

1は心が安まり物静かなさまを表し、色や雰囲気などが渋く上品な感じのする場合にも使う言葉であり、2はどんな状況でも態度や行動が沈着であるさまを表す言葉で、物には使わない。

어려운 질문에 대답하는 말투가 **차분합니다**.(침착하다O)
難しい質問に答える口調が落ち着いています。

그는 성격이 **침착한** 편이라 괜찮을 겁니다.(차분하다O)
彼は性格が落ち着いているほうなので大丈夫だと思います。

식당 분위기가 **차분해서** 마음에 들었습니다.(침착하다×)
食堂の雰囲気が落ち着いていて気に入りました。

차분한 색상이라 연령을 불문하고 입을 수 있다.(침착하다×)
落ち着いた色合いなので年齢を問わず着られる。

恥ずかしい

① 창피하다 ② 부끄럽다

1、2とも自分のみっともなさに気づき、決まりが悪いことを表す言葉であるが、1はある行動や様子を他人に見られたり知られたりして瞬間的に感じる羞恥心を表す言葉である。2は人間の道義や良心に背くようなことをしてしまい、そのことに対して面目ないというニュアンスで使う言葉である。また2には視線が自分に向かって照れくさいという意味もある。

아직도 동생하고 싸우다니 **창피하지도** 않니?(부끄럽다O)
いまだに弟とけんかするなんて恥ずかしくないの。

거짓말을 한 내 자신이 너무나도 **부끄러웠다**.(창피하다O)
嘘をついた自分自身があまりにも恥ずかしかった。

수업시간에 졸다가 걸려서 **창피했다**.(부끄럽다×)
授業中に居眠りをしたのがばれて恥ずかしかった。

남의 물건을 공짜로 받으려는 것은 **부끄러운** 일이다.(창피하다×)
人の物をただでもらおうとするのは恥ずかしいことだ。

좋아하는 사람에게는 **부끄러워** 한 번도 말을 못 걸었다.(창피하다×)
好きな人には恥ずかしくて一度も話しかけられなかった。

形容詞

 # 下品だ

① 천하다　② 상스럽다

1、2とも品性や品格が劣ることを指す言葉であるが、1は人の外見や言葉づかいそのものなど一見してわかる下品さに対して使い、2は特に話す内容や行動などに卑しさが感じられ、まったく教養がないというニュアンスの言葉である。

친구의 행동이 너무나 **천하여** 창피했다.(상스럽다○)
友達の行動があまりにも下品で恥ずかしかった。

천해 보이는 차림새는 좀 삼가 주세요.(상스럽다×)
下品に見える格好は少し控えてください。

왜 너답지 않게 **상스러운** 말을 하고 그래?(천하다×)
どうしてあなたらしくもなく下品なことを言ったりするの?

상스러운 발언은 삼가도록 해주세요.(천하다×)
下品な発言は控えるようにしてください。

湿っぽい

① 축축하다 ② 눅눅하다

1は湿気が多くてじめじめしているさまを表す言葉で、布の場合しぼれば水が出るくらいでも使うことができる。2は1に比べると湿気が少なく、布ならば、しっとりする程度で、主に風や空気の場合に使う言葉である。

옷이 이슬비에 젖어 **축축해졌다**.(눅눅하다×)
服が小雨で濡れて湿っぽくなった。

집을 나서기 전에 **눅눅한** 이불을 말렸습니다.(축축하다×)
家を出る前に、湿っぽい布団を干しました。

지하실은 바람이 잘 통하지 않아 항상 **눅눅하다**.(축축하다×)
地下室は風通しがよくないのでいつも湿っぽい。

장마철에는 옷장 속의 옷이 **눅눅합니다**.(축축하다×)
梅雨の時期はクローゼットの中の服が湿っぽいです。

形容詞

十分だ

1 충분하다 2 넉넉하다

1は数量や時間などの条件が満ち足りていて不足がないことを表す言葉で、2は1に比べて精神的な余裕が感じられる場合によく使う言葉である。

形容詞

7시에 시작되는 공연까지는 시간이 **충분합니다**.(넉넉하다○)
7時に始まる公演まで時間は十分にあります。

여행 경비는 **넉넉하게** 가지고 있습니까?(충분하다○)
旅行費用は十分に持っていますか。

그에게는 지도자가 되기에 **충분한** 자격이 있습니다.(넉넉하다×)
彼には指導者になる十分な資格があります。

충분한 휴양과 수면이 회복을 앞당깁니다.(넉넉하다×)
十分な休養と睡眠が回復を早めます。

豊かだ

1. 풍부하다 2. 풍족하다

1は物や感情が十分であり不足がないことを表す言葉で、2は主に財物が十分あって経済的にゆとりがあるという場合によく使う言葉である。

그 나라는 석유 등 자원이 매우 **풍부합니다**.(풍족하다○)
その国は石油など、資源がとても豊かです。

감정이 **풍부해서** 눈물 연기를 잘한다.(풍족하다×)
感情が豊かで涙を流す演技がうまい。

경험이 **풍부한** 인재를 찾고 있습니다.(풍족하다×)
経験豊かな人材を捜しています。

풍족한 노후생활을 보내기 위해 노력한다.(풍부하다×)
豊かな老後生活を送るために努力する。

누구나 **풍족하게** 살고 싶어합니다.(풍부하다×)
誰でも豊かに暮らしたいと思っています。

疲れる

① 피곤하다 ② 피로하다

1は肉体的、または精神的に疲れることを表し、一般的によく使う言葉で、2は過労でくたびれ疲れ果てるというニュアンスが強く、慢性的な疲労に使い、精神的な疲れには使わない。また2は特定の身体部位についても使う言葉である。

形容詞

잠을 잘 못 잤더니 **피곤해서** 일을 할 수가 없다.(피로하다○)
よく眠れなかったので疲れていて仕事ができない。

더 이상 걷고 싶지 않을 정도로 오늘 난 **피로하다**.(피곤하다○)
これ以上歩きたくないほど今日の私は疲れている。

변덕쟁이인 그녀와 사귀는 건 정말 **피곤해**.(피로하다×)
気分屋の彼女と付き合うのは本当に疲れるな。

조명이 너무 밝으면 눈이 금세 **피로해집니다**.(피곤하다×)★
照明が明るすぎると目が疲れやすくなります。

천 리 길도 한 걸음부터.
비 온 뒤에 땅이 굳어진다.

04 副詞

01 いっぱい

① 가득　**②** 잔뜩

1、2とも物が満ちているさまを表す言葉であるが、1は容器や場所などがいっぱいである場合にだけ使うのに対して、2はそういった制限がなく、1よりさらに限度を超すほど満ちているというニュアンスの強い言葉である。

맥주잔이 넘치도록 맥주를 가득 따라 주었다. (잔뜩O)
グラスに溢れるほどビールをいっぱいついであげた。

마차가 짐을 잔뜩 싣고 달리고 있습니다. (가득O)
馬車が荷物をいっぱい積んで走っています。

자루에 쌀이 가득 들어 있습니다. (잔뜩×)
袋に米がいっぱい入っています。

이번 주까지 끝내야 할 일이 잔뜩 밀려 있습니다. (가득×)
今週までに終えなければならない仕事がいっぱいたまっています。

물건이 잔뜩 흩어져 있어 너저분하다. (가득×)
物がいっぱい散乱していてごちゃごちゃしている。

ずっと

1 계속　**2** 쭉

1は同じ状況が長く続いているさまを表す言葉で、2は同じような状況や動作が時間的に切れ目なく続くというニュアンスが強く、また1に比べて主観的な感覚で使う言葉で、客観的なデータの説明などには使わない。また2は話し言葉として使う。

그녀는 몇 년 동안 위장약을 계속 먹어 왔다.(쭉O)
彼女は何年もの間、胃腸薬をずっと飲んできた。

오늘은 쭉 집에 있으려고 합니다.(계속O)
今日はずっと家にいようと思います。

뭐가 그렇게 즐거운지 계속 해죽해죽 웃고 있다.(쭉×)
何がそんなに楽しいのかずっとにやにや笑っている。

한국의 출생률은 계속 감소되고 있다.(쭉×)
韓国の出生率はずっと減少し続けている。

어머니는 쓰러진 후로 쭉 병석에 누워 계신다.(계속※)
母は倒れて以来、ずっと病床にある。

すぐ

1. 곧
2. 금세

1は時間をあまり置かずに何かが起きたり、近いうちに何かをする場合に使う言葉で、2は予想より早く何かが起きる場合に使い、主に話し言葉として使われる。

우리가 데이트를 했다는 소문은 곧 퍼졌다.(금세O)
私たちがデートをしたという噂はすぐ広がった。

수면제의 효과는 금세 나타났습니다.(곧O)
睡眠薬の効果はすぐ現れました。

이제 곧 겨울입니다.(금세×)
もうすぐ冬です。

전철을 타면 금세 꾸벅꾸벅 졸고 맙니다.(곧×)
電車に乗るとすぐうとうとしてしまいます。

방금 들었는데 금세 잊어버리고 말았습니다.(곧×)
さっき聞いたばかりなのにすぐ忘れてしまいました。

そのまま

1 그냥　**2** 그대로

1はほかのことは何もせずにただそのままでという意味合いが強く、2は前と変わりないそのままの姿や状態でというニュアンスがあり、1に比べてときを経ても変わらない様子を表すことが多い。また2には「★(聞いたり見たりした)通りにそのまま」という意味もある。

설탕을 넣지 않고 그냥 마시는 것이 좋습니다.(그대로○)
砂糖を入れずにそのまま飲む方がいいです。

그대로 보고만 있을 수는 없어서 도와주었다.(그냥○)
そのまま見ているわけにはいかなくて手伝ってあげた。

여배우는 예전의 모습을 그대로 간직하고 있었다.(그냥×)
女優は昔の姿をそのまま保っていた。

그녀에게 들은 이야기를 그에게 그대로 전했습니다.(그냥×)★
彼女に聞いた話をそのまま彼に伝えました。

副詞

05 かなり

① 꽤　② 상당히

1は思った以上に並の程度を越えているという主観的な判断を表し、くだけた話し言葉としてよく使う言葉で、2は1よりさらにその程度が上回る場合に使い、また1に比べて客観的な判断を表す表現である。

副詞

그곳은 꽤 멀어서 걸어서 가기는 힘들다.(상당히○)
そこはかなり遠くて歩いていくのは大変だ。

아야코 씨는 일본 사람이지만 한국말을 상당히 잘한다.(꽤○)
綾子さんは日本人だが韓国語がかなり上手だ。

사회의 발전과 더불어 범죄도 상당히 지능화되었다.(꽤※)
社会の発展とともに犯罪もかなり知能化した。

효과가 나타나기까지 상당히 오랜 시간이 걸릴 것이다.(꽤※)
効果が現れるまでにはかなり長い時間がかかりそうだ。

06 いつも

1 늘　　**2** 언제나

1は「いつも変わらず」というニュアンスを持つ言葉で習慣などによく使い、2は「どんな場合でも」というニュアンスを持ち、「いつでも～だ」のように断定する場合によく使う言葉である。

나는 늘 아침 6시에 일어나 조깅을 한다.(언제나O)
私はいつも朝6時に起きてジョギングをする。

그는 나를 만나면 언제나 남의 흉을 본다.(늘O)
彼は私に会うといつも他人の悪口を言う。

지하실은 바람이 잘 통하지 않아 늘 눅눅하다.(언제나×)
地下室は風通しがよくないのでいつも湿っぽい。

친구는 늘 책을 읽고 있습니다.(언제나×)
友達はいつも本を読んでいます。

副詞

単に

① 다만　② 단지

1は特にとりたてて言うほどのことでもなく、ただ、というニュアンスを持つ言葉で、2は1に比べてただその事柄だけに限られるという意味を持つ言葉である。

다만 물어봤을 뿐이니 신경 쓰시지 말아주세요.(단지O)
単に聞いてみただけですから、気になさらないでください。

그건 **단지** 네 의견일 뿐이야.(다만O)
それは単にお前の意見に過ぎないよ。

단지 공부뿐만 아니라 운동도 뛰어나다.(다만×)
単に勉学のみならずスポーツにも優れている。

단지 너만의 문제가 아니라 그룹 전체의 문제이다.(다만×)
単に君だけの問題ではなく、グループ全体の問題だ。

大変

① 대단히 ② 몹시

1は程度が非常に甚だしいさまを表す言葉で書き言葉によく使い、2はその程度がこれ以上ないほどきわめてひどいさまを表し、否定的な状況を表す場合によく使われる言葉で、話し言葉としてよく使われる。

이 기계는 대단히 편리한 시스템으로 되어 있다.(몹시×)
この機械は大変便利なシステムになっている。

이산화탄소는 생명에 대단히 중요한 요소이다.(몹시×)
二酸化炭素は生命にとって大変重要なものである。

다리를 삐어 몹시 아팠습니다.(대단히×)
足を挫いて大変痛かったです。

옛날 옛적 어느 마을에 몹시 가난한 젊은이가 있었다.(대단히×)
むかしむかし、あるところに大変貧乏な若者がいた。

이번 프로젝트는 몹시 불안정한 상황에 놓여 있다.(대단히※)
今度のプロジェクトは大変不安定な状況に置かれている。

副詞

09 また

① 또　② 다시

1は同じことが繰り返されるさまを表す言葉で、さらにもう一回、もう一つというニュアンスがあり、2はやり直したり、途中でやめたことを再びするというニュアンスのある言葉である。

副詞

그럼 또 만나기로 합시다.(다시○)
それでは、また会うことにしましょう。

지금 바쁜 것 같으니 내일 다시 오겠습니다.(또○)
今は忙しそうなので明日また来ます。

그는 이번 시험에도 또 실패해서 침울해했다.(다시×)
彼は今回の試験にもまた失敗してしまい落ち込んでいた。

바로 어제 만났는데 오늘 또 만난다고?(다시×)
昨日会ったばかりなのに、今日また会うって?

역사는 다시 반복된다.(또×)
歴史はまた繰り返される。

思わず

① 무심코 ② 엉겁결에

1は意図や考えなどがなく、無意識に何気なくやってしまったというニュアンスがあり、2は何かに反応して瞬間的にしてしまった行為によく使い、自分の意図に反する結果になる場合よく使われる言葉である。

무심코 한 말이 친구에게 큰 상처를 주었다.(엉겁결에O)
思わず口にした言葉が友達をひどく傷つけた。

엉겁결에 영어가 나와 버렸습니다.(무심코O)
思わず英語が出てしまいました。

그를 만나면 무심코 웃게 됩니다.(엉겁결에×)
彼に会うと思わず笑顔になってしまいます。

나는 너무 놀라 엉겁결에 비명을 질렀다.(무심코×)
私はとても驚き、思わず悲鳴を上げた。

너무나도 무서워서 엉겁결에 몸을 움츠렸습니다.(무심코×)
あまりにも怖くて思わず体をすくめてしまいました。

副詞

11 必ず

1、2とも強い意志や決意を表す言葉であり、1は「例外なく、間違いなく」というニュアンスを持ち、論理的な文章によく使われる。一方、2は「きっとそうなるだろう」という確実な推量を表す言葉で、話し言葉としてよく使われる。また1、2とも否定形とともに使うと「必ずしも〜ない」という意味になる。

副詞

집을 살 때는 반드시 부동산등기를 확인할 것.(꼭O)
家を買うときは必ず不動産登記を確認すること。

아무리 바빠도 밥은 꼭 챙겨 먹도록 해라.(반드시O)
どんなに忙しくてもご飯は必ず食べるようにしなさい。

사람은 누구나 반드시 죽기 마련이다.(꼭×)
人は誰でも必ず死ぬものだ。

무슨 일이 있어도 이번 시험에는 반드시 합격할 것이다.(꼭※)
何があっても今回の試験には必ず合格してみせる。

돈이 많다고 해서 반드시 행복한 것은 아니다.(꼭O)★
お金がたくさんあるからといって必ずしも幸せなわけではない。

12 まだ

1 아직　**2** 여태

1はある事柄が実現していなかったり、前からの状態が続いているさまを表す言葉で、2はすでに行われているはずの行動などがいまだに行われていないことや望ましくない行動などがいまだに続いていることに対しての不満の気持ちが含まれている言葉である。

아들은 놀러 나간 채 아직 집에 안 들어왔다.(여태○)
息子は遊びに出たまま、まだ家に帰っていない。

미국에는 여태 한 번도 가본 적이 없다.(아직○)
アメリカにはまだ一回も行ったことがない。

일이 아직 안 끝났으니 기다려 주세요.(여태×)
仕事がまだ終わっていませんから、待っていてください。

출발까지는 아직 시간이 남아 있습니다.(여태×)
出発まではまだ時間が残っています。

여태 그런 고루한 이야기를 하고 있니?(아직※)
まだそんな古くさいこと言ってるの?

副詞

13  やはり

1 역시　**2** 또한

1は「予想どおりやはりそうだ」というニュアンスで使うことが多く、「いろいろ考えてみて結局は」という意味もあり、2はあるものに加えて「〜もまた」というニュアンスがある。

副詞

나뿐만 아니라 그 역시 곤란해하고 있습니다.(또한○)
私だけでなく、彼もやはり困っています。

역시 명인이 만든 작품은 다르군요.(또한×)
やはり名人の作った作品は違いますね。

영리한 것 같지만 역시 아이는 아이다.(또한×)
利口なようでもやはり子供は子供だ。

기차로 가려고 했지만, 역시 비행기로 가야겠다.(또한×)
汽車で行こうと思ったけど、やはり飛行機にしよう。

ずきずき

① 욱신욱신　**②** 지끈지끈

1は頭や体、傷口などが脈打つように痛むさまを表す言葉で、2は頭が刺すように痛む場合にだけ使う言葉で体のほかの部位には使わない。

머리가 욱신욱신 아파서 두통약이라도 먹어야겠다.(지끈지끈O)
頭がずきずき痛いから頭痛薬でも飲まなきゃ。

감기에 걸려 머리가 지끈지끈 아픕니다.(욱신욱신O)
風邪を引いて頭がずきずき痛いです。

어머니는 비가 오면 상처가 욱신욱신 아프다고 한다.(지끈지끈×)
母は雨が降ると傷口がずきずき痛むそうだ。

충치가 욱신욱신 쑤셔서 치과에 갔습니다.(지끈지끈×)
虫歯がずきずき痛んで歯医者に行きました。

副詞

15 もう

① 이미　② 벌써

1はすでに終わってしまったというニュアンスで使われるのに対し、2は予想よりも早く感じたり、いつの間にか時間や程度がある節目を超えているというニュアンスを持つ言葉である。

아버지는 그 일에 대해 이미 알고 계셨다.(벌써○)
父はそのことについてもう知っていた。

아무리 후회해도 이미 지나간 일입니다.(벌써×)
どんなに後悔してももう過ぎたことです。

이미 끝난 것을 이러쿵저러쿵 말하는 것은 그만두자.(벌써×)
もう済んだことをあれこれ言うのはやめよう。

서둘러 뛰어갔지만 기차는 이미 떠나버렸다.(벌써※)
急いで走って行ったが、汽車はもう出発してしまった。

그와 헤어진 지 벌써 일 년이 지났습니다.(이미×)
彼と別れてからもう一年が経ちました。

벌써 사람들이 모여들기 시작했네요.(이미×)
もう人々が集まり始めましたね。

一人で

1 혼자서 **2** 홀로

1、2とも一人で行動するさまを表す言葉であるが、1は一人という数を表す言葉であるのに対し、2は一人ぼっちで寂しいというニュアンスがある言葉である。

남의 도움 없이 혼자서 해결했습니다.(홀로O)
他人の手を借りず一人で解決しました。

그녀는 회사를 그만두고 홀로 세계 일주를 했다.(혼자서O)
彼女は会社を辞めて一人で世界一周をした。

맛있는 음식을 혼자서 먹어치웠다.(홀로×)
おいしい食べ物を一人で食べてしまった。

혼자서 패키지여행에 참여하고 싶은데요.(홀로×)
一人でツアーに参加したいんですけど。

홀로 남겨진 아이는 매우 슬퍼서 울고 있었습니다.(혼자서※)
一人で残された子供はとても悲しくて、泣いていました。

모두 자기 자신의 인생을 홀로 살아간다.(혼자서※)
みんな自分自身の生涯を一人で生きていく。

索引

ハングル引き
가나다順

ㄱ

가꾸다	70
가득 잔뜩	194
가라앉다	60
가로막다	61
가르다	76
가리다	61
가족	12
가지다	92
감다	62
강하다	140
갖추다	63
갚다	89
거기	16
거두다	97
거북하다	141
거죽	13
겉	13
겪다	65
견디다	64
경험하다	65
계산	14
계속	195
계절	15
고개	27
고르다	66
고생	39
고소하다	142
고요하다	179
고장	24
고통스럽다	143
곧	196
곱다	175
공	45
공기	17
괴롭다	143
굉장하다	150

211

구르다	67
구부리다	68
구수하다	142
구슬프다	162
구하다	69
구하다	131
굽다	136
굽히다	68
귀엽다	174
그곳	16
그냥	197
그대로	197
그릇	17
글씨	18
글자	18
금세	196
기르다	71
까다롭다	173
깎다	127
갈다	135
깨끗하다	145
깨끗하다	144
깨다	120
깨뜨리다	109
깨물다	100
꺾다	72
꼭	204
꽤	198
꾸다	111
꾸미다	70
꾸짖다	73
끊다	127
끌다	85
끝내다	74

ㄴ

나가다	75
나누다	76
나다	115
나르다	122
나무라다	77
나서다	75
나약하다	170
나타나다	78
날카롭다	146
남	19
남매	20
남자	21
낫다	79
낫다	181
넉넉하다	188
넘어지다	80
넣다	81
녹다	82
놓다	83
누구	22
누르다	102
눅눅하다	187
늘	199

ㄷ

다가오다	84
다리	23
다만	200
다시	202
다정하다	160
단단하다	147
단지	200
달다	148
달다	110
달래다	124
달콤하다	148
담다	81
당기다	85
당연하다	149
닿다	86

대단하다	150	멋지다	154
대단히	201	메다	96
더럽다	151	명	25
더하다	87	모습	26
덮다	88	모양	26
돌려주다	89	모으다	97
돌보다	90	목	27
동네	24	몹시	201
두껍다	152	묘	28
두다	83	무덤	28
두드리다	132	무섭다	155
두렵다	155	무심코	203
두텁다	152	문지르다	98
뒹굴다	67	묻다	99
드러나다	78	물고기	29
드리다	91	물다	100
들다	92	미치다	101
듬직하다	153	믿음직하다	153
따르다	93	밀다	102
따분하다	182	밑	42
딱딱하다	147	밑바닥	30
땅	54		
떨다	94	**ㅂ**	
떼다	95	바깥	31
또	202	바뀌다	106
또한	206	바다	30
뜯다	95	바라다	103
띄우다	105	바라보다	104
		바르다	156
ㅁ		바르다	133
마땅하다	149	바치다	91
마련하다	63	박수	38
마치다	74	밖	31
말끔하다	144	반드시	204
말다	62	발	23
맑다	145	발자국	32
망가지다	108	발자취	32
멋있다	154	밝다	157

213

배다	125	사람	25
버티다	64	사정	56
번거롭다	158	삯	47
벌리다	105	산뜻하다	161
벌써	208	살	37
변명	33	살갗	55
변하다	106	살리다	69
보내다	107	상냥하다	160
보내다	129	상당히	198
보살피다	90	상스럽다	186
보잘것없다	159	상쾌하다	161
보태다	87	상하다	114
볼	34	생기다	115
봉지	35	생선	29
봉투	35	서글프다	162
부끄럽다	185	서늘하다	165
부러뜨리다	72	서먹하다	141
부르짖다	123	섞다	116
부서지다	108	선조	50
부수다	109	섭섭하다	177
부엌	36	성가시다	158
부치다	107	성실하다	163
불가사의하다	166	세	37
붓다	93	세다	140
붙이다	110	세우다	130
비비다	98	셈	14
빌다	113	속	43
빌리다	111	손뼉	38
빨다	118	손쉽다	164
빼다	112	수고	39
뺨	34	수상하다	178
뽐내다	126	순서	53
뽑다	112	쉽다	164
뽑다	66	스치다	86
		시골	40
ㅅ		시원하다	165
사과하다	113	식구	12
사나이	21		

식욕	41		엿보다	121
신기하다	166		영	45
실수	49		예리하다	146
심하다	167		예쁘다	174
썩다	114		예쁘다	175
쓰다	128		예전	46
쓰다듬다	117		옛날	46
쓰러지다	80		오누이	20
쓸쓸하다	176		올바르다	156
씌우다	88		옮기다	122
씻다	118		외롭다	176
			외치다	123
ㅇ			욱신욱신	207
아깝다	168		원하다	103
아끼다	119		월세	52
아래	42		위로하다	124
아무	22		위하다	119
아물다	79		유감스럽다	177
아쉽다	168		이르다	101
아직	205		이미	208
안	43		이상하다	178
알맞다	169		임금	47
애인	44		임신하다	125
야단치다	73		입맛	41
약하다	170			
얇다	171		**ㅈ**	
어기다	120		자랑하다	126
어렴풋하다	172		자르다	127
어렵다	173		잔뜩	194
어루만지다	117		잔치	48
언제나	199		잘못	49
엉겁결에	203		잠기다	60
엎지르다	137		적다	128
여태	205		적당하다	169
역시	206		접근하다	84
연인	44		조상	50
연회	48		조용하다	179
엷다	171		좁다	180

좋다	181
주름	51
주름살	51
주방	36
지끈지끈	207
지내다	129
지니다	92
지루하다	182
지저분하다	151
짊어지다	96
집세	52
짓다	130
쭉	195

ㅊ

차갑다	183
차다	183
차례	53
차분하다	184
착실하다	163
창피하다	185
찾다	131
찾다	99
책망하다	77
천하다	186
철	15
쳐다보다	104
촌	40
축축하다	187
충분하다	188
치다	132
칠하다	133
침착하다	184

ㅋ

켜다	134
키우다	71

ㅌ

타다	116
타인	19
털다	94
토지	54
틀다	134

ㅍ

펴다	135
풀리다	82
풍부하다	189
풍족하다	189
피곤하다	190
피로하다	190
피부	55
핑계	33

ㅎ

하찮다	159
협소하다	180
형제	20
형편	56
호되다	167
혼자서	209
홀로	209
환하다	157
훔쳐보다	121
휘다	136
흘리다	137
희미하다	172

索引

日本語引き
あいうえお順

あ行

明るい	157
開ける	105
足	23
足跡	32
厚い	152
集める	97
甘い	148
怪しい	178
過ち	49
謝る	113
洗う	118
現れる	78
言い訳	33
いっぱい	194
いつも	199
田舎	40
入れる	81
薄い	171
器	17
選ぶ	66
宴会	48
終える	74
置く	83
送る	107
惜しい	168
押す	102
落ち着いている	184
男	21
表	13
思わず	203
及ぶ	101
折る	72

か行

| 返す | 89 |
| 書く | 128 |

飾る	70
かすかだ	172
家族	12
かたい	147
担ぐ	96
必ず	204
かなり	198
かぶせる	88
かむ	100
借りる	111
かわいい	174
変わる	106
簡単だ	164
季節	15
汚い	151
気まずい	141
兄弟	20
清い	145
切る	127
きれいだ	144, 175
腐る	114
首	27
苦しい	143
苦労	39
加える	87
経験する	65
計算	14
下品だ	186
恋人	44
香ばしい	142
こする	98
こぼす	137
転がる	67
怖い	155
壊す	109
壊れる	108

さ行

歳	37
遮る	61
魚	29
探す	131
叫ぶ	123
差し上げる	91
寂しい	176
さわやかだ	161
残念だ	177
叱る	73
敷く	135
静かだ	179
沈む	60
下	42
湿っぽい	187
食欲	41
しわ	51
字	18
自慢する	126
十分だ	188
順序	53
姿	26
すぐ	196
すごい	150
過ごす	129
涼しい	165
素敵だ	154
鋭い	146
ずきずき	207
ずっと	195
狭い	180
責める	77
ゼロ	45
先祖	50
そこ	16
底	30

育てる	71
外	31
備える	63
そのまま	197

た行

退屈だ	182
大切にする	119
大変	201
耐える	64
倒れる	80
助ける	69
尋ねる	99
叩く	132
正しい	156
建てる	130
他人	19
頼もしい	153
単に	200
台所	36
誰	22
近付く	84
賃金	47
疲れる	190
注ぐ	93
つける	134
付ける	110
都合	56
つまらない	159
冷たい	183
強い	140
適当だ	169
出かける	75
できる	115
当然だ	149
溶ける	82
土地	54

な行

治る	79
中	43
慰める	124
撫でる	117
人	25
妊娠する	125
抜く	112
塗る	133
願う	103
のぞき見する	121

は行

墓	28
はがす	95
拍手	38
運ぶ	122
恥ずかしい	185
はたく	94
肌	55
引く	85
ひどい	167
一人で	209
袋	35
不思議だ	166
触れる	86
頬	34

ま行

曲がる	136
巻く	62
曲げる	68
まじめだ	163
混ぜる	116
また	202
まだ	205
町	24

見つめる	104
昔	46
難しい	173
面倒を見る	90
もう	208
持つ	92
物悲しい	162

や行

優しい	160
家賃	52
やはり	206
破る	120
豊かだ	189
良い	181
弱い	170

わ行

分ける	76
煩わしい	158

著者

奉英娥(ボンヨンア)

建国大学校卒業
韓国外国語大学大学院日本語教育
前)MBCアカデミー日本語講師
　中央大学校日本語教育院講師
現)ユビ出版企画代表
　韓日言語研究院専任研究員

尹聖媛(ユンソンワン)

梨花女子大学校卒業
韓国外国語大学大学院日本語教育修士
前)梨花女子大学校言語教育院講師
　中央大学校日本語教育院講師
現)翻訳作家として活動
　韓日言語研究院専任研究員